普通高等学校精品课程教材
"会计学"特色专业建设项目成果

《成本会计理论与模拟实训》
学习指导书

王晓秋　编著

立信会计出版社
LIXIN ACCOUNTING PUBLISHING HOUSE

图书在版编目(CIP)数据

《成本会计理论与模拟实训》学习指导书/王晓秋编
著. —上海:立信会计出版社,2018.7
普通高等学校精品课程教材
ISBN 978 - 7 - 5429 - 5830 - 3

Ⅰ.①成… Ⅱ.①王… Ⅲ.①成本会计—高等学
校—教学参考资料 Ⅳ.①F234.2

中国版本图书馆 CIP 数据核字(2018)第 164828 号

策划编辑　　张巧玲
责任编辑　　蔡莉萍

《成本会计理论与模拟实训》学习指导书

出版发行	立信会计出版社			
地　　址	上海市中山西路 2230 号		邮政编码	200235
电　　话	(021)64411389		传　　真	(021)64411325
网　　址	www.lixinaph.com		电子邮箱	lxaph@sh163.net
网上书店	www.shlx.net		电　　话	(021)64411071
经　　销	各地新华书店			

印　　刷	常熟市梅李印刷有限公司		
开　　本	710 毫米×960 毫米		1/16
印　　张	10.25		
字　　数	194 千字		
版　　次	2018 年 7 月第 1 版		
印　　次	2018 年 7 月第 1 次		
印　　数	1—3100		
书　　号	ISBN 978 - 7 - 5429 - 5830 - 3/F		
定　　价	26.00 元		

如有印订差错,请与本社联系调换

前　言

　　《成本会计》是一门技术性和实践性都很强的课程。根据我们的追踪调查发现，本课程在教学中突出地存在着一些问题，针对存在的问题，我们编写的《成本会计理论与模拟实训》教材具有以下创新点：

　　第一：先进行成本会计模拟实训然后再进行理论教学，将理论教学和实践教学（模拟实训）有机融合，"二位一体"地交叉进行的教材。

　　第二：教材中涉及较多的计算公式，本着"授之以鱼，不如授之以渔"的授业理念，引导学生强化对计算原理的掌握，弱化记忆公式，对各个计算公式的原理进行了通俗易懂、提纲挈领的诠释，起到了化难为易、"由厚（多）变薄"的效果。

　　第三：根据最新《企业会计准则》，更新《成本会计》教材相关内容，力求与企业会计准则保持一致。

　　此外，我们在教材编写和使用过程中，注意到学生除了需要课堂的学习外，更加需要课外加以巩固和加深知识的理解，以更好地帮助学生把握相关知识的系统性和整体性，达到对知识的融会贯通和熟能生巧，由于《成本会计理论与模拟实训》第一模块是模拟实训内容，本学习指导书省略。本学习指导书主要是针对第二模块的理论教学内容的复习巩固,旨在帮助学生在课后自主学习和查缺补漏使用。

由于作者水平有限,不当之处,还有待于在教学实践中不断改进和完善;疏漏乃至不妥之处,期盼各位同行赐教,并望各位同学积极提出宝贵的意见和建议,以便改进、充实和提高。

作　者

2018 年 7 月

目　　录

第一章 总 论

学习要点

第一节 成本会计的对象、职能和任务

一、成本会计的对象和职能

（一）成本会计的对象：各行业企业的生产经营业务成本和期间费用，简称成本费用（也称之为财务成本）。

（二）成本会计的职能：具有反映和监督两项基本职能。

现代成本会计的职能包括成本预测、成本决策、成本计划、成本控制、成本核算、成本分析和成本考核等职能。

二、成本会计的任务

（1）进行成本预测、参与经营决策、步骤成本计划，为企业有计划地进行成本管理提供基本的依据。

（2）对企业发生的各项耗费进行审核、控制，制止各种浪费和损失，以节约费用、降低成本。

（3）正确核算各种生产经营业务成本和经营管理费用，为企业生产经营管理提供所需的成本、费用信息。

（4）分析各项消耗定额和成本计划的执行情况，进一步挖掘节约费用、降低成本的潜力。

第二节　成本会计工作的组织

一、成本会计的机构

企业内部各级成本会计机构之间的组织分工,有集中工作和分散工作两种方式。

二、成本会计人员

配备适当数量有良好的会计职业道德、精通业务的成本会计人员。

三、成本会计制度

一般包括关于成本预测和决策的制度;关于成本计划编制的制度;关于成本控制的制度;关于成本核算规程的制度;关于责任成本制度;关于成本报表的制度;其他有关成本会计的制度。

本章练习题

一、单项选择题

1. (　　)构成商品的理论成本。
   A. 已耗费的生产资料转移的价值
   B. 劳动者为自己劳动所创造的价值
   C. 劳动者为社会劳动所创造的价值
   D. 已耗费的生产资料转移的价值和劳动者为自己劳动所创造的价值

2. 成本的经济实质是(　　)。
   A. 生产经营过程中所耗费生产资料转移价值的货币表现
   B. 劳动者为自己劳动所创造价值的货币表现
   C. 劳动者为社会劳动所创造价值的货币表现
   D. 企业在生产经营过程中所耗费的资金的总和

3. 一般来说,实际工作中的成本开支范围与理论成本包括的内容(　　)。

A. 是有一定差别的   B. 是相互一致的

C. 是不相关的   D. 是可以相互替代的

4. 从现行行业企业会计制度的有关规定出发,成本会计的对象是( )。

A. 各项期间费用的支出及归集过程

B. 产品生产成本的形成过程

C. 诸会计要素的增减变动

D. 企业生产经营过程中发生的生产经营业务成本和期间费用

5. 成本会计的基本职能是( )。

A. 反映的职能   B. 反映和监督的职能

C. 监督的职能   D. 计划和考核的职能

6. 成本会计的首要职能是( )。

A. 反映的职能   B. 反映和监督的职能

C. 监督的职能   D. 计划和考核的职能

7. 从资金补偿角度考虑,下列不属于理论成本范畴的支出,但应列入产品成本的是( )。

A. 购置和建造固定资产支出   B. 购置和建造无形资产支出

C. 企业赞助、捐赠支出   D. 废品损失和停工损失

8. 成本会计的监督( )。

A. 包括事前、事中和事后监督   B. 包括事前和事后的监督

C. 是事后的监督   D. 是事前的监督

9. 通过对所提供的成本信息资料的检查和分析,控制和考核有关经济活动,属于成本会计的( )。

A. 事前监督   B. 事前、事后监督

C. 事中、事后监督   D. 事前、事中监督

10. 成本会计最基本的任务和中心环节是( )。

A. 进行成本预测,编制成本计划

B. 审核和控制各项费用的支出

C. 进行成本核算,提供实际成本的核算资料

D. 参与企业的生产经营决策

二、多项选择题

1. 商品的理论成本是由生产商品所耗费的( )构成的。

　　A. 生产资料转移的价值

　　B. 劳动者为自己劳动所创造的价值

　　C. 劳动者为社会劳动所创造的价值

　　D. 必要劳动

2. 成本的主要作用在于( )。

　　A. 是补偿生产耗费的尺度

　　B. 是综合反映企业工作质量的重要指标

　　C. 是企业对外报告的主要内容

　　D. 是制定产品价格的重要因素和进行生产经营决策的重要依据

3. 下列各项属于成本开支范围的是( )。

　　A. 为制造产品而消耗的材料耗费、动力耗费

　　B. 企业行政管理部门为管理和组织生产而发生的各项耗费

　　C. 企业生产单位为管理和组织生产而发生的各项耗费

　　D. 企业生产经营活动中筹集和使用资金而发生的各项耗费

4. 成本会计的反映职能包括( )。

　　A. 提供反映成本现状的核算资料的功能

　　B. 提供有关预测未来经济活动的成本信息资料的功能

　　C. 控制有关经济活动的功能

　　D. 考核有关经济活动的功能

5. 成本会计的任务包括( )。

　　A. 成本预测和决策　　　　　　　B. 成本计划和控制

　　C. 成本核算　　　　　　　　　　D. 成本考核和分析

6. 一般来说,企业应根据( )来组织成本会计工作。

　　A. 本单位生产经营的特点　　　　B. 对外报告的需要

　　C. 本单位生产规模的大小　　　　D. 本单位成本管理的要求

7. 成本会计的职能包括( )。

　　A. 成本预测与决策　　　　　　　B. 成本计划和控制

　　C. 成本核算　　　　　　　　　　D. 成本分析与考核

8. 成本会计工作的组织包括(　　)。

    A. 成本会计制度　　　　　　　　　B. 成本会计人员

    C. 成本会计机构　　　　　　　　　D. 成本会计准则

9. 成本会计机构内部的组织分工,可以(　　)。

    A. 按成本会计的职能分工　　　　　B. 按成本会计的对象分工

    C. 集中工作方式　　　　　　　　　D. 分散工作方式

    E. 统一工作方式

10. 企业内部各级成本会计机构之间的组织分工有(　　)。

    A. 按成本会计的职能分工　　　　　B. 按成本会计的对象分工

    C. 集中工作方式　　　　　　　　　D. 分散工作方式

    E. 统一工作方式

三、判断题

1. 从理论上讲,商品价值中的补偿部分,就是商品的理论成本。　　　　(　　)

2. 成本的经济实质,是企业在生产经营过程中所耗费的资金的总和。　(　　)

3. 在实际工作中,确定成本的开支范围是由国家通过有关法规制度来加以界定的。　　　　　　　　　　　　　　　　　　　　　　　　　　　　(　　)

4. 总括地讲,成本会计的对象就是产品的生产成本。　　　　　　　　(　　)

5. 提供有关预测未来经济活动的成本信息资料,是成本会计监督职能的一种发展。　　　　　　　　　　　　　　　　　　　　　　　　　　　　　(　　)

6. 以已经发生的各项耗费为依据,为经济管理提供真实的、可以验证的成本信息资料,是成本会计反映职能的基本方面。　　　　　　　　　　(　　)

7. 成本会计的监督职能,就是通过对实际成本信息资料进行检查和分析,来评价、考核有关经济活动。　　　　　　　　　　　　　　　　　　(　　)

8. 企业主要应根据外部有关方面的需要来组织成本会计工作。　　　(　　)

9. 成本会计的任务,包括成本的预测、决策、计划、核算、控制、考核和分析。
　　　　　　　　　　　　　　　　　　　　　　　　　　　　　　(　　)

10. 成本预测和计划是成本会计最基本的任务。　　　　　　　　　　(　　)

四、简答题

1. 什么是产品成本？产品价值决定于哪些具体内容？

2. 简述产品的理论成本与实际成本。

3. 什么是成本会计的对象？工业企业及各行业企业成本会计的对象是什么？

4. 简述成本会计的任务。

练习题答案

一、单项选择题

1. D　2. D　3. A　4. D　5. B　6. A　7. D　8. A　9. C　10. C

二、多项选择题

1. AB　2. ABD　3. AC　4. AB　5. ABCD　6. ACD　7. ABCD　8. ABC
9. AB　10. CD

三、判断题

1. √　2. √　3. √　4. ×　5. ×　6. √　7. ×　8. ×　9. √　10. ×

四、简答题

（略）

第二章　工业企业成本核算的
　　　　要求和一般程序

第一节　工业企业成本核算的要求

一、从管理的要求出发，做到算管结合，算为管用

二、正确划分各种成本费用的界限

（一）正确划分生产经营耗费与非生产经营耗费的界限

（二）正确划分产品成本和期间费用的界限

（三）正确划分各个月份的成本、费用界限

（四）正确划分各种产品成本的界限

（五）正确划分完工产品与在产品的成本界限

三、正确确定财产物资的计价和价值结转的方法

四、做好成本核算的基础工作

（一）做好定额的制定和修订工作

（二）建立和健全材料物资的计量、收发、领退和盘点制度

（三）建立和健全原始记录工作

（四）做好厂内计划价格的制定和修订工作

五、按照生产特点和管理要求，采用适当的成本计算方法

第二节　工业企业耗费要素和产品生产成本项目

一、工业企业耗费要素——耗费按经济内容的分类

（1）外购材料。

（2）外购燃料。

（3）外购动力。

（4）职工薪酬。

（5）折旧费。

（6）利息支出。

（7）税金。

修正：依据财会［2016］22号文规定，全面试行"营业税改征增值税"后，"营业税金及附加"科目名称调整为"税金及附加"科目，同时需要提醒的是，之前是在"管理费用"科目中列支的"四小税"（房产税、土地使用税、车船税、印花税），本次也同步调整到"税金及附加"科目。因此，税金不应该再作为成本会计核算的对象。

（8）其他支出。

二、产品生产成本项目——耗费按经济用途的分类

产品成本项目就是产品生产成本按其经济用途分类核算的项目。根据生产特点和管理要求，工业企业一般可以设立以下四个成本项目：

（1）直接材料。

（2）燃料及动力。

（3）直接人工。

（4）制造费用。

工业企业的生产耗费还有一些其他的分类方法，比如：

（1）生产耗费按与生产工艺的关系分类，可分为直接生产耗费与间接生产耗费。

（2）生产耗费按计入产品成本的方法分类，可分为直接计入耗费与间接计入耗费。

第三节　工业企业成本核算的一般程序

（1）对企业的各项支出的合法性、合理性进行审核和控制，确定其是否应该计入产品成本或期间费用，做好前述耗费界限划分的第一、第二两个方面的工作。

（2）正确处理跨期摊提耗费。将本月已经支出而应留待以后月份摊销的耗费，作为待摊耗费处理；将以前月份开支的待摊耗费中应由本月负担的份额，摊入本月成本、费用；将本月尚未开支但应由本月负担的成本、费用，预提计入本月成本、费用。这是前述耗费界限划分的第三个方面的工作。

（3）将应计入本月产品成本的各项生产耗费，在各种产品之间进行分配和归集，并按成本项目分别反映，计算出按成本项目反映的各种产品的成本。这是本月生产耗费在各种产品之间横向的分配和归集，是前述耗费界限划分的第四个方面的工作。

（4）对于月末既有完工产品又有在产品的产品，将该种产品的生产成本（月初在产品生产成本与本月生产成本之和），在本月完工产品与月末在产品之间进行分配，计算出该种产品的完工产品成本和月末在产品的成本。这是生产成本在同种产品的本月完工产品与月末在产品之间纵向的分配和归集，是前述耗费界限划分的第五个方面的工作。

第四节　工业企业成本核算的账簿设置及账务处理程序

一、工业企业成本核算的账簿设置

（一）"基本生产成本"总账科目及其明细账的设立

（二）"辅助生产成本"科目和其他有关科目的设置

为了归集和分配制造费用，应该设立"制造费用"总账科目；为了归集和结转产品销售费用、管理费用和财务费用，应该分别设立"销售费用""管理费用"和"财务费用"总账科目；为了归集和分配跨期摊提耗费，还应分别设置相关总账科目（及其所属明细科目，下同；跨期待摊和摊提耗费分别通过"预付账款""其他应收款"等科目和"应付账款""其他应付款""应付利息"等科目核算)。

　　企业如果需要单独核算废品损失和停工损失,可以增设"废品损失"和"停工损失"总账科目。

　　此外,为了将销售费用、管理费用和财务费用等期间费用,直接计入当月损益,还涉及"本年利润"科目;

　　为了登记非生产经营耗费,计算在建工程成本等,还涉及"在建工程"和"长期待摊费用"等科目。

二、工业企业成本核算的账务处理程序

　　为了对成本核算的账务处理有一个总括的了解,并从账务处理的角度进一步理解成本核算的一般程序,图 2-1 列示了工业企业成本核算账务处理的基础程序。

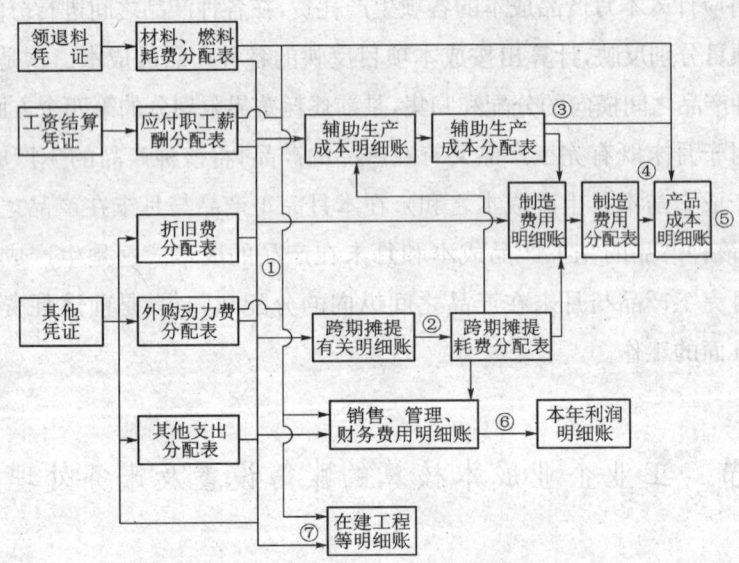

图 2-1　工业企业成本核算的账务处理程序图

说明:①分配各项要素耗费;②摊销和预提本月跨期耗费;③分配辅助生产成本;④分配制造费用;
　　　⑤结转产成品成本;⑥结转期间费用;⑦结转应计入固定资产价值的在建工程成本。

本章练习题

一、单项选择题

1. 下列各项中属于耗费要素的是(　　　)。

  A. 直接材料   B. 直接人工

  C. 外购材料   D. 废品损失

2. 下列各项中属于耗费要素的是( )。

  A. 销售费用   B. 管理费用

  C. 折旧费   D. 制造费用

3. 下列各项中,属于产品成本项目的是( )。

  A. 外购动力费用   B. 制造费用

  C. 工资费用   D. 折旧费用

4. 下列各项中属于成本项目的是( )。

  A. 外购动力   B. 利息支出

  C. 外购燃料   D. 直接材料

5. 下列各项中应计入制造费用的是( )。

  A. 构成产品实体的原材料费用 B. 产品生产工人工资

  C. 车间管理人员工资   D. 工艺用燃料费用

6. 下列费用中,属于直接计入耗费的是( )。

  A. 几种产品负担的制造费用

  B. 几种产品共同耗用的原材料费用

  C. 一种产品耗用的生产工人工资

  D. 几种产品共同耗用的机器设备折旧费

7. 在成本核算中,必须正确核算待摊耗费和预提耗费,这是贯彻了会计核算的( )原则。

  A. 历史成本   B. 权责发生制

  C. 配比   D. 重要性

8. 制造费用应分配记入( )账户。

  A. "基本生产成本"和"辅助生产成本"

  B. "基本生产成本"和"期间费用"

  C. "生产成本"和"管理费用"

  D. "财务费用"和"销售费用"

9. 下列各项中,不计入产品成本的耗费是( )。

  A. 直接材料耗费

    B. 辅助车间管理人员工资

    C. 车间厂房折旧费

    D. 厂房办公楼折旧费

10. 下列各项中属于直接生产耗费的是（   ）。

    A. 产品生产工人的薪酬

    B. 车间辅助人员的薪酬

    C. 车间管理人员的薪酬

    D. 生产车间的办公费

11. 下列各项中属于间接生产耗费的是（   ）。

    A. 构成产品主要实体的原料及主要材料耗费

    B. 有助于产品形成的辅助材料耗费

    C. 工艺用燃料耗费

    D. 生产车间一般消耗性材料耗费

12. 下列各项中属于间接生产耗费的是（   ）。

    A. 生产车间厂房的折旧费

    B. 产品生产工人的薪酬

    C. 产品生产用材料

    D. 企业行政管理部门用固定资产的折旧费

13. 下列各项中应计入管理费用的是（   ）。

    A. 企业行政管理部门用固定资产的折旧费

    B. 车间厂房的折旧费

    C. 车间生产用设备的折旧费

    D. 车间辅助人员的薪酬

14. 下列各项中应计入管理费用的是（   ）。

    A. 企业专设销售机构人员的工资

    B. 产品广告费用

    C. 财务部门人员的工资

    D. 车间的办公费用

15. 下列各项中属于直接生产耗费的是（   ）。

    A. 生产车间厂房的折旧费用

  B. 产品生产用材料耗费

  C. 企业行政管理部门固定资产的折旧费用

  D. 生产车间管理人员的工资

16. 用于生产产品的原材料耗费,应记入( )账户。

  A. "基本生产成本"   B. "制造费用"

  C. "废品损失"   D. "管理费用"

17. 直接用于产品生产的燃料,应直接记入或者分配记入的账户是( )。

  A. "制造费用"   B. "管理费用"

  C. "财务费用"   D. "基本生产成本"

18. 生产车间耗用的物料耗费,应贷记"原材料"账户,借记( )账户。

  A. "基本生产成本"   B. "待摊费用"

  C. "辅助生产成本"   D. "制造费用"

19. 生产耗费要素中的利息,发生或支付时,应借记( )账户。

  A. "生产成本"   B. "制造费用"

  C. "财务费用"   D. "销售费用"

20. 企业因生产产品、提供劳务而发生的各项间接耗费,包括工资、福利费、折旧费等,属于( )成本项目。

  A. 管理费用   B. 制造费用

  C. 直接人工   D. 直接材料

二、多项选择题

1. 为了正确计算产品成本,必须做好的各项基础工作有( )。

  A. 做好定额的制定和修订

  B. 建立和健全材料物资的计量、收发、领退和盘点制度

  C. 建立和健全原始记录制度

  D. 做好厂内计划价格的制定和修订工作

  E. 按照生产特点和管理要求,采用适当的成本计算方法

2. 为了正确计算产品成本,必须正确划分的耗费界限有( )。

  A. 生产经营耗费与非生产经营耗费的界限

  B. 各月份的成本、费用的界限

　　　C. 销售费用与财务费用的界限

　　　D. 各种产品的成本的界限

3. 一般情况下,将制造成本的成本项目划分为(　　　)。

　　　A. 直接材料　　　　　　　　　　B. 直接人工

　　　C. 制造费用　　　　　　　　　　D. 管理费用

4. 下列各项中属于耗费要素的有(　　　)。

　　　A. 外购材料　　　　　　　　　　B. 外购动力

　　　C. 直接人工　　　　　　　　　　D. 制造费用

5. 企业根据耗费支出的比重和成本管理要求,可对基本生产成本增设(　　　)等
成本项目。

　　　A. 燃料及动力　　　　　　　　　B. 制造费用

　　　C. 废品损失　　　　　　　　　　D. 停工损失

6. 期间费用又称为非制造成本,主要包括(　　　)。

　　　A. 管理费用　　　　　　　　　　B. 财务费用

　　　C. 销售费用　　　　　　　　　　D. 制造费用

7. 下列各项中属于间接生产耗费的有(　　　)。

　　　A. 车间厂房的折旧费

　　　B. 车间管理人员的职工薪酬

　　　C. 几种产品共同消耗的动力费用

　　　D. 车间辅助人员的职工薪酬

8. 下列各项中属于直接计入耗费的有(　　　)。

　　　A. 几种产品共同消耗的辅助材料耗费

　　　B. 几种产品共同负担的制造费用

　　　C. 一种产品消耗的原材料耗费

　　　D. 一种产品消耗的生产工人薪酬耗费

9. 下列各项中属于间接计入耗费的有(　　　)。

　　　A. 几种产品消耗的原材料耗费

　　　B. 一种产品负担的辅助材料耗费

　　　C. 几种产品共同负担的生产工人薪酬耗费

　　　D. 管理费用

10. 下列各项中,不属于产品生产成本项目的是( )。

    A. 外购动力   B. 工资费用

    C. 折旧费   D. 直接材料

    E. 燃料及动力

11. 下列哪些项目是将耗费按经济用途划分( )。

    A. 制造费用   B. 固定费用

    C. 直接材料   D. 间接费用

    E. 管理费用

12. 记入"直接材料"成本项目的有( )。

    A. 直接用于产品生产的原料耗费

    B. 直接用于产品生产的主要材料耗费

    C. 车间的机物料消耗

    D. 直接用于产品生产的辅助材料耗费

13. 耗费要素中的外购材料耗费,可能计入( )成本项目中。

    A. 直接材料   B. 直接人工

    C. 制造费用   D. 废品损失

    E. 工资及福利费

14. 要素耗费中的职工薪酬,可能记入的会计科目有( )。

    A. "制造费用"   B. "销售费用"

    C. "财务费用"   D. "基本生产成本"

15. 下列各项中属于产品销售费用的有( )。

    A. 广告费   B. 委托代销手续费

    C. 展览费   D. 专设销售机构的办公费

16. 下列各项中属于管理费用的有( )。

    A. 咨询费   B. 诉讼费

    C. 无形资产摊销   D. 业务招待费

17. 下列各项中可能计入财务费用的有( )。

    A. 金融机构手续费   B. 利息费用

    C. 汇兑损失   D. 利息收入

18. 下列各项中,应计入产品成本的耗费有( )。

    A. 车间办公费　　　　　　　　B. 季节性停工损失

    C. 车间设计制图费　　　　　　D. 在产品的盘亏损失

    E. 企业行政管理人员工资

19. 属于工业企业成本核算中使用的会计账户有（　　　）。

    A. "基本生产成本"　　　　　　B. "辅助生产成本"

    C. "制造费用"　　　　　　　　D. "营业外支出"

20. 对工业企业生产耗费最基本的分类是（　　　）。

    A. 劳动对象方面的耗费　　　　B. 活劳动方面的耗费

    C. 耗费要素　　　　　　　　　D. 产品生产成本项目

    E. 劳动手段方面的耗费

三、判断题

1. 为了正确地计算产品成本,应该也可能绝对正确地划分完工产品和在产品的耗费界限。　　　　　　　　　　　　　　　　　　　　　　　　（　　　）

2. 在只生产一种产品的工业企业或车间中,直接生产耗费和间接生产耗费都可以直接计入该种产品成本,都是直接计入耗费,这种情况下,没有间接计入耗费。　　　　　　　　　　　　　　　　　　　　　　　　　　　（　　　）

3. 对所计提的固定资产折旧,应全部计入产品成本。　　　　　　（　　　）

4. 制定和修订定额,只是为了进行成本审核,与成本计算没有关系。（　　　）

5. 企业生产经营的原始记录,是进行成本预测、编制成本计划、进行成本核算的依据。　　　　　　　　　　　　　　　　　　　　　　　　　　　（　　　）

6. 制定厂内计划价格是为了分清内部各单位的经济责任,便于分析内部各单位成本计划的完成情况和管理业绩,并加速和简化核算工作。　　　（　　　）

7. 直接生产耗费既可能是直接计入耗费,也可能是间接计入耗费。（　　　）

8. 所谓耗费要素,就是耗费按经济内容的分类。　　　　　　　　（　　　）

9. 外购材料、外购动力属于耗费要素。　　　　　　　　　　　　（　　　）

10. 折旧费和职工薪酬费是产品成本项目。（属于耗费要素）　　（　　　）

11. 耗费按经济内容分类,便于分析各种耗费的支出是否节约、合理。（　　　）

12. 产品成本项目就是计入产品成本的耗费按经济用途分类核算的项目。（　　　）

13. "直接人工"是反映直接参加产品生产工人的薪酬费用的产品成本项目。

（　　）

14. 如果工艺上耗用的燃料和动力不多,可以将其中的燃料耗费并入"直接材料"成本项目,将其中的动力费用并入"制造费用"成本项目。（　　）

15. 计入产品的各项生产耗费按与生产工艺的关系可以分为直接生产耗费和间接生产耗费。（　　）

16. 生产车间厂房的租金属于为生产产品而发生的耗费,应全部计入产品成本。

（　　）

17. 专设销售机构的固定资产修理费用应作为期间费用,计入当期损益。（　　）

18. 产品成本项目是由国家统一规定的,任何企业不能变动。（　　）

19. 因为材料是产品成本的组成部分,所以企业各部门领用的材料,都应计入产品成本。（　　）

20. 用于产品生产、车间照明和取暖的动力耗费,应记入各种产品成本明细账的"燃料及动力"成本项目。（　　）

四、简答题

1. 正确计算产品成本应该正确划清哪些方面的耗费界限?

2. 正确计算产品成本应该做好哪些基础工作?

3. 简述耗费按照经济内容的分类

4. 简述耗费按照经济用途的分类

5. 简述成本核算的一般程序。

6. 进行产品成本的核算需要设置哪些会计科目?

练习题答案

一、单项选择题

1. C　2. C　3. B　4. D　5. C　6. C　7. B　8. A　9. D　10. A　11. D
12. A　13. A　14. C　15. B　16. A　17. D　18. D　19. C　20. B

二、多项选择题

1. ABCD 2. ABD 3. ABC 4. AB 5. ACD 6. ABC 7. ABD 8. CD
9. AC 10. CD 11. AD 12. ABD 13. ACD 14. ABD 15. ABCD
16. ABCD 17. ABCD 18. ABCD 19. ABC 20. CD

三、判断题

1. × 2. √ 3. × 4. × 5. √ 6. √ 7. √ 8. √ 9. √ 10. ×
11. × 12. √ 13. √ 14. √ 15. √ 16. × 17. √ 18. × 19. ×
20. ×

四、简答题

（略）

第三章 成本费用在各种产品及期间费用之间的归集和分配

第一节 各项要素耗费及跨期摊提耗费的分配

一、要素耗费分配概述

分配间接计入耗费的计算公式,可以概括为:

$$\frac{耗费}{分配率} = \frac{待分配耗费总额}{分配标准总额}$$

$$\frac{某种产品或某分配}{对象应负担的耗费} = \frac{该产品或对象}{的分配标准额} \times \frac{耗费}{分配率}$$

二、材料耗费的分配

(一)原材料耗费的分配

1. 按原材料定额消耗量比例分配材料耗费

2. 按原材料定额耗费比例分配材料耗费

原材料耗费分配程序(按原材料实际成本核算)如图 3-1 所示。

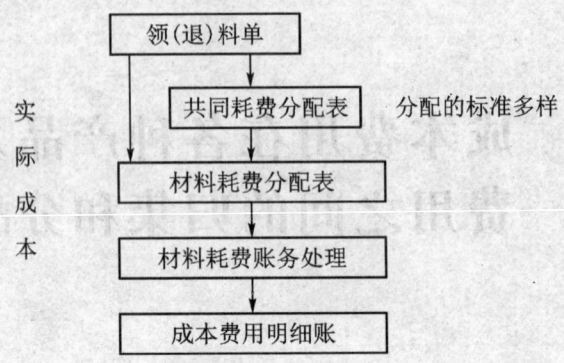

图 3-1　原材料耗费分配程序（实际成本）

原材料耗费分配程序（按原材料计划成本核算）如图 3-2 所示。

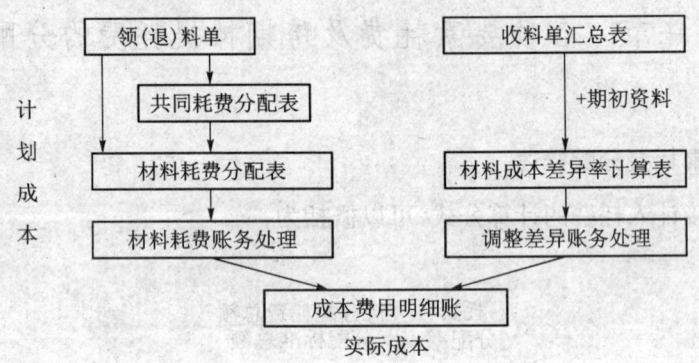

图 3-2　原材料耗费分配程序（计划成本）

（二）燃料耗费的分配

燃料也属于原材料，燃料耗费分配的程序和方法与上述原材料耗费分配的程序和方法相同。如果燃料耗费在产品成本中所占比重较大，为了加强对能源耗费的分析和考核，可与动力费用一起，专门设立"燃料及动力"成本项目，并可以增设"燃料"会计科目，对燃料耗费单独进行核算。

三、外购动力费的分配

四、应付职工薪酬耗费的分配

（一）职工薪酬的范围

（二）工资耗费的核算

1. 工资耗费的原始记录

2. 工资的计算

（1）计时工资的计算

（2）计件工资的计算

（三）应付职工薪酬分配的核算

五、固定资产折旧费的分配

六、利息费用、其他耗费及跨期摊提耗费的分配

第二节　辅助生产成本的归集和分配

一、辅助生产成本的归集

二、辅助生产成本的分配

辅助生产成本的分配,应通过辅助生产成本分配表进行。分配辅助生产成本的方法很多,主要有:直接分配法、交互分配法、代数分配法和按计划成本分配法等分配方法。

第三节　制造费用的归集和分配

一、制造费用的归集

二、制造费用的分配

分配制造费用的方法很多,通常采用的有生产工时比例法、机器工时比例法、生产工人工资比例法和按年度计划分配率分配法等。

第四节 生产损失的归集和分配

一、废品损失的归集与分配

废品分为可修复废品和不可修复废品两种。

（一）不可修复废品损失的归集和分配

1. 按废品的实际成本计算

2. 按废品所耗定额成本计算

（二）可修复废品损失的归集和分配

二、停工损失的归集与分配

（一）停工损失的确认与报告

（二）停工损失的归集与分配

第五节 期间费用的归集和结转

一、销售费用的归集和结转

二、管理费用的归集和结转

三、财务费用的归集和结转

本章练习题

一、单项选择题

1. 几种产品共同耗用的原材料，属于间接计入耗费,应采用的分配方法是(   )。

A. 计划成本分配法

B. 材料定额成本比例分配法

C. 工时比例分配法

D. 代数分配法

2. 下列关于"基本生产成本"科目的描述,正确的是(　　)。

A. 完工入库的产品成本记入该科目的借方

B. 该科目的余额代表在产品成本

C. 生产所发生的各项耗费直接记入该科目的借方

D. 该科目应按产品分设明细账

3. 生产工人工资比例分配法适用于(　　)。

A. 季节性生产的车间

B. 成本定额较准确的车间

C. 各种产品生产的机械化程度相差不多的车间

D. 机械化程度较高的车间

4. 2月份生产合格品25件,废品(料废)5件,直接人工计价单价为4元,应付计件工资为(　　)。

A. 100元　　　　　　　　　　　　B. 120元

C. 128元　　　　　　　　　　　　D. 108元

5. 季节性生产企业,其"制造费用"的分配宜采用(　　)。

A. 按年度计划分配率分配法

B. 生产工人工时比例分配法

C. 生产工人工资比例分配法

D. 机器工时比例分配法

6. 为了简化核算工作,"制造费用"的费用项目在设立时主要考虑的因素是(　　)。

A. 费用的性质是否相同

B. 是否直接用于产品生产

C. 是否间接用于产品生产

D. 是否用于组织和管理生产

7. 辅助生产车间的产品或劳务主要用于( )。

    A. 辅助生产车间内部的生产和管理

    B. 基本生产和经营管理

    C. 对外销售

    D. 专项工程建造

8. 辅助生产成本直接分配法的特点是"辅助生产成本"( )。

    A. 直接记入"生产成本——辅助生产成本"科目

    B. 直接分配给所有受益的车间、部门

    C. 直接分配给辅助生产以外的各受益单位

    D. 直接计入辅助生产提供的劳务成本

9. 将辅助生产车间成本先进行一次相互分配,然后再将辅助生产成本对辅助生产车间以外各受益对象进行分配,这种辅助生产成本的分配方法是( )。

    A. 直接分配法   B. 顺序分配法

    C. 交互分配法   D. 代数分配法

10. 在辅助生产成本分配方法中,不考虑各辅助生产车间相互提供产品和劳务的方法是( )。

    A. 代数分配法   B. 直接分配法

    C. 交互分配法   D. 计划成本分配法

11. 辅助生产成本各种分配方法中计算结果最正确,适用于实行会计电算化企业的是( )。

    A. 计划成本分配法   B. 交互分配法

    C. 代数分配法   D. 直接分配法

12. 在辅助生产成本采用计划成本分配法时,为了简化计算工资,辅助生产劳务的成本差异一般全部计入( )。

    A. 管理费用   B. 生产成本

    C. 制造费用   D. 营业外损益

13. 制造费用分配以后,"制造费用"科目月末一般应无余额,只有在采用( )时,"制造费用"科目月末才可能有余额。

    A. 按年度计划分配率分配法

    B. 生产工人工时比例分配法

    C. 生产工人工资比例分配法

    D. 机器工时比例分配法

14. 辅助生产成本交互分配后的实际耗费,应在有关单位之间进行分配,有关单位
    是指(　　)。

    A. 各受益单位

    B. 各辅助生产车间

    C. 基本生产车间

    D. 辅助生产车间以外的各受益单位

15. 下列各项中,应确认为可修复废品损失的是(　　)。

    A. 返修以前发生的生产成本

    B. 可修复废品的生产成本

    C. 返修过程中发生的修复耗费

    D. 可修复废品的生产成本加上返修过程中发生的修复耗费

16. 下列各项中,应核算停工损失的是(　　)。

    A. 机器设备故障或发生大修理

    B. 季节性停工

    C. 不满一个工作日的停工

    D. 辅助生产车间设备的停工

17. 在进行产品成本核算时,要求单独核算的废品损失一般(　　)。

    A. 在产品和完工产品之间采用特定方法进行分配

    B. 全部由合格产品成本负担

    C. 直接作为期间费用

    D. 全部由月末在产品负担

18. 应计入产品成本的停工损失是(　　)。

    A. 由于火灾造成的停工损失

    B. 应由过失单位赔偿的停工损失

    C. 电力中断导致的停工损失

    D. 由于地震造成的停工损失

19. 实行包退、包修、包换"三包"的企业,在产品出售以后发现的废品所发生的一切损失,在财务上应计入(　　)。

   A. 废品损失　　　　　　　　　　　　B. 营业外支出

   C. 管理费用　　　　　　　　　　　　D. 基本生产成本

20. 计算不可修复废品的生产成本,可以按废品所耗的实际成本,也可以按废品所耗(　　)。

   A. 消耗定额　　　　　　　　　　　　B. 定额成本

   C. 定额消耗　　　　　　　　　　　　D. 成本定额

二、多项选择题

1. 材料耗费的分配标准有(　　)。

   A. 材料定额消耗量　　　　　　　　　B. 材料定额成本

   C. 产品体积　　　　　　　　　　　　D. 产品工时定额

   E. 产品表面积

2. 发生下列各项耗费时,可以直接借记"基本生产成本"账户的有(　　)。

   A. 车间照明用电费

   B. 构成产品实体的原材料耗费

   C. 车间管理人员工资

   D. 车间生产工人工资

   E. 车间办公费

3. 下列各项中,属于"制造费用"项目的有(　　)。

   A. 生产车间的办公费

   B. 生产车间管理用具的摊销

   C. 自然灾害引起的停工损失

   D. 生产车间管理人员的工资

   E. 生产设备的折旧费

4. 制造费用的分配方法,主要包括(　　)。

   A. 生产工时比例法

   B. 生产工人工资比例法

  C. 机器工时比例法

  D. 按年度计划分配率分配法

  E. 直接分配法

5. 辅助生产车间一般不设置"制造费用"科目核算,是因为( )。

  A. 没有必要

  B. 辅助生产车间不对外销售产品

  C. 为了简化核算工作

  D. 辅助生产车间没有制造费用

  E. 辅助生产车间规模较小,发生的制造费用较少

6. 在下列方法中,属于辅助生产成本分配方法的有( )。

  A. 交互分配法   B. 代数分配法

  C. 定额比例法   D. 直接分配法

  E. 计划成本分配法

7. 分配辅助生产成本的各种方法中,有交互分配性质的有( )。

  A. 交互分配法   B. 代数分配法

  C. 计划成本分配法   D. 直接分配法

8. 计算废品净损失时,应考虑的内容有( )。

  A. 生产过程中发现的不可修复废品的生产成本

  B. 可修复废品的修复成本

  C. 废品的残值

  D. 废品的应收赔款

  E. 入库后发现的生产过程中造成的不可修复废品的生产成本

9. 可修复废品的确认,必须满足的条件有( )。

  A. 经过修理仍不能使用的

  B. 所花费的修复费用在经济上合算的

  C. 经过修理可以使用的

  D. 所花费的修复费用在经济上不合算的

  E. 不经过修理也可以使用的

10. "废品损失"由以下哪些部分构成?( )。

  A. 不可修复废品的生产成本

  B. 可修复废品的修理耗费

  C. 扣除回收的废品残料价值

  D. 降价损失

  E. 可修复废品返修以前的生产成本

三、判断题

1. 辅助生产车间提供的产品劳务,都是为基本生产车间服务的。　　　　（　　）

2. 制造费用与产品的生产工艺没有直接联系,因而都是间接计入耗费。　（　　）

3. 各种辅助生产成本分配方法的共同点,是在各辅助生产内部进行交互分配。

  （　　）

4. 期间费用不计入产品成本,应直接计入当期损益。　　　　　　　　（　　）

5. 辅助生产成本的直接分配法,就是将辅助生产成本直接计入各种辅助生产产
  品或劳务成本的方法。　　　　　　　　　　　　　　　　　　　　（　　）

6. 采用交互分配法分配辅助生产成本时,对外分配的辅助生产成本,应为交互分
  配前的成本加上交互分配时分配转入的成本。　　　　　　　　　　（　　）

7. 采用计划成本分配法分配辅助生产成本时,计算出的辅助生产车间实际发生
  的成本,是完全的实际成本。　　　　　　　　　　　　　　　　　　（　　）

8. 在采用计时工资情况下,只生产一种产品,生产人员工资及福利费应直接计入
  该种产品成本。　　　　　　　　　　　　　　　　　　　　　　　　（　　）

9. 可修复废品返修以前发生的成本,应转出至"废品损失"科目中进行成本核算。

  （　　）

10. 可修复废品是指经过修理可以使用的废品。　　　　　　　　　　　（　　）

四、业务综合题

  1. 某企业生产 A、B 两种产品,共同耗用甲种材料,其实际成本为 4 000 元。
两种产品的原材料成本定额为:A 产品 4 元、B 产品 2 元;当月的实际产量为:A 产
品 300 件、B 产品 400 件。

  要求:采用定额成本比例法分配材料耗费。

2. 某企业生产甲、乙两种产品共同耗用 A 种原材料 6 000 公斤,每公斤计划单价 6 元。本月产量为:甲产品 500 件,乙产品 400 件。单件产品原材料消耗定额为:甲产品 6 公斤,乙产品 5 公斤。原材料成本差异率为 1%。

要求:

(1) 按定额消耗量比例分配甲、乙产品的材料耗费。

(2) 编制耗用材料的会计分录(列明产品名称和成本项目)。

3. 某企业本月生产 A、B 两种产品,共同耗用甲材料 2 000 千克。本月实际产量为:A 产品 200 件,B 产品 100 件。其单位产品材料消耗定额为:A 产品 5 千克,B 产品 8 千克。本月耗用甲材料资料如表 3-1 所示。

表 3-1 　　　　　　　　　　甲材料耗用情况表

日期	项目	数量(千克)	单价(元)
1 日	期初余额	200	30
3 日	购入材料	500	32
5 日	领用材料	300	—
10 日	购入材料	600	35
11 日	领用材料	600	—
12 日	领用材料	100	—
18 日	购入材料	900	30
20 日	领用材料	1 000	—
30 日	期末余额	200	—

要求:

(1) 采用先进先出法计算本月生产领用材料的实际成本。

(2) 采用定额消耗量比例分配法分配甲材料耗费(分配率保留两位小数)。

(3) 根据分配结果编制领用材料的会计分录。

4. 某企业生产甲、乙两种产品,共同耗用 A、B 两种原材料。有关资料如表

3-2所示。

表 3-2 甲乙产品耗用材料情况表

产品名称	投产数量	单件产品材料消耗定额		实际消耗材料数量(甲乙共同消耗)	
		A 材料	B 材料	A 材料	B 材料
甲	400 件	5 千克	10 千克		
乙	200 件	4 千克	2 千克		
合 计				2 800 千克	6 600 千克

原材料计划单价为:A 材料 5 元,B 材料 8 元。原材料成本差异率为-1%。

要求:

(1) 按定额消耗量比例分配材料耗费。

(2) 编制耗用原材料的会计分录。

5. 某企业本月生产 A、B 两种产品,共同耗用甲材料 2 000 千克。本月实际产量为:A 产品 200 件,B 产品 100 件。其单位产品材料消耗定额为:A 产品 5 千克,B 产品 8 千克。本月耗用甲材料资料如表 3-3 所示。

表 3-3 甲材料耗用情况表

日期	项目	数量(千克)	单价(元)
1 日	期初余额	200	30
3 日	购入材料	500	32
5 日	领用材料	300	—
10 日	购入材料	600	35
11 日	领用材料	600	—
12 日	领用材料	100	—
18 日	购入材料	900	30
20 日	领用材料	1 000	—
30 日	期末余额	200	—

要求：

（1）采用月末一次加权平均法计算本月生产领用材料的实际成本。

（2）采用定额消耗量比例分配法分配甲材料耗费（分配率保留两位小数）。

（3）根据分配结果编制领用材料的会计分录。

6．某企业月末由仓库转来发料凭证汇总表，表中登记本月发出材料计划成本总计 21 500 元，其中：甲产品领用 11 000 元，乙产品领用 7 500 元，生产车间一般耗用 2 000 元，企业管理部门领用 1 000 元。该企业"原材料"账户借方期初余额和本期发生额合计数（计划成本）85 000 元，"材料成本差异"账户贷方期初余额和贷方本期发生额合计 850 元。

要求：

（1）计算材料成本差异率和发出材料成本差异额。

（2）编制发出材料和结转发出材料成本差异额的会计分录。

7．某企业生产 A、B 两种产品，共同耗用燃料耗费，其实际成本为 46 500 元。两种产品的燃料耗费定额为：A 产品 50 元、B 产品 20 元；当月的实际产量为：A 产品 500 件、B 产品 300 件。

要求：

（1）采用定额成本比例法分配燃料耗费。

（2）编制耗用燃料的会计分录（分录中列示到明细科目及成本项目；该企业成本明细账设"燃料及动力"成本项目；燃料设"燃料"总账核算）。

8．某工业企业某月发生动力耗费 15 200 元，通过银行支付。月末查明各车间、部门耗电度数为：基本生产车间耗电 10 000 度，其中车间照明用电 1 000 度；辅助生产车间耗电 4 000 度，其中车间照明用电 600 度；企业管理部门耗电 1 200 度。

要求：

（1）按所耗电度数分配电力耗费，A、B 产品按生产工时分配电费。A 产品生产工时为 3 000 小时，B 产品生产工时为 2 000 小时。

（2）编制该月支付与分配外购电费的会计分录。（该企业基本车间明细账设置"燃料及动力"成本项目；辅助车间不设"制造费用"明细账；所编分录列示到成本项目）。

9．某工业企业的基本生产车间生产 A、B、C 三种产品，其工时定额为：A 产品 15 分钟,B 产品 18 分钟,C 产品 12 分钟;本月产量为:A 产品 14 000 件,B 产品 10 000 件,C 产品 13 500 件。本月该企业工资总额为:基本生产车间工人计时工资 23 000 元,管理人员工资 1 500 元;辅助车间(锅炉)工人工资 2 800 元,管理人员工资 1 200 元;企业管理人员工资 2 600。

要求:

(1) 按定额工时比例将基本生产车间工人工资在 A、B、C 三种产品间分配。

(2) 编制工资耗费分配的会计分录。(辅助车间的制造费用不通过"制造费用"科目核算)(分录列示明细科目及成本项目)

10. 某企业基本生产车间生产甲、乙、丙三种产品。6 月份发生的生产工人计时工资共计 29 400 元;甲产品完工 1 000 件,乙产品完工 400 件,丙产品完工 450 件;单件产品工时定额:甲产品 2.5 小时,乙产品 2.45 小时,丙产品 1.6 小时。

要求:按定额工时比例分配甲、乙、丙产品生产工人工资及福利费。(将计算结果填入表 3-4)

表 3-4   生产工人工资及福利费分配表

产品名称	定额工时	分配率	生产工人计时工资	计提比例	职工福利费
甲产品					
乙产品					
丙产品					
合 计					

11. 某企业房屋类固定资产原值为 300 000 元,预计净残值率为 10%,平均使用年限为 20 年。

要求:计算月折旧率、月折旧额。

12. 某企业房屋类固定资产原值为 300 000 元,其中基本生产车间使用 200 000 元,企业行政管理部门使用 100 000 元,净残值率为 10%,平均使用年限为 20 年。

要求:计算月折旧率、月折旧额并编制分配折旧额的会计分录。

13. 某厂本月实际耗用外购电 6 000 度,每度单价 1.00 元,其中基本生产产品耗用动力电 4 000 度,基本生产车间照明用电 400 度,辅助生产耗用动力电 1 000 度,辅助生产照明用电 300 度,厂部管理部门照明用电 300 度。基本车间生产 A、B 两种产品,A 产品机器小时为 3 000 小时;B 产品机器小时为 2 000 小时。(该厂设置"燃料及动力"成本项目,辅助生产不设置"制造费用"总账科目)

要求:

(1) 分配基本生产动力耗费。

(2) 编制有关会计分录。

14. 某企业设有供电和供水两个辅助生产车间,为基本生产车间和管理部门提供服务,根据"辅助生产成本"明细账汇总的资料,供电、供水车间此月发生耗费分别是 17 400 元和 8 500 元。两个辅助生产车间供应产品和劳务数量详如表 3-5 所示。

表 3-5　　　　　　　　　辅助生产车间供应产品和劳务数量表

受益单位		供电数量(千瓦·小时)	供水数量(立方米)
基本生产车间		20 000	9 000
辅助生产车间	供电车间		2 500
	供水车间	4 000	
销售部门		1 000	200
行政管理部门		4 000	800
合计		29 000	12 500

要求:

(1) 采用直接分配法分配辅助生产成本并进行账务处理。

表 3-6　　　　　　　　　辅助生产成本分配表(直接分配法)

项目	供电车间	供水车间	合计
待分配辅助生产成本(元)			
供应辅助生产车间以外的劳务数量			
单位成本(分配率)			

（续表）

项目			供电车间	供水车间	合计
制造费用	基本生产车间	耗用数量			
		分配金额			
	销售费用	耗用数量			
		分配金额			
	管理费用	耗用数量			
		分配金额			
合计					

（2）采用交互分配法分配辅助生产成本并进行账务处理（见表3-7）。

表3-7　　　　　　　　辅助生产成本分配表（交互分配法）

项目		供电车间			供水车间			合计
		数量（千瓦·小时）	分配率	分配金额	数量（立方米）	分配率	分配金额	
待分配辅助生产成本（元）								
交互分配	供电车间							
	供水车间							
对外分配辅助生产成本								
对外分配	制造费用 / 基本车间							
	销售费用							
	管理费用							
合计								

（3）采用代数分配法分配辅助生产成本并进行账务处理（见表3-8）。

表3-8　　　　　　　　辅助生产成本分配表（代数分配法）

项目	供电车间	供水车间	合计
待分配辅助生产成本（元）			
劳务供应数量总额			

（续表）

项目			供电车间	供水车间	合计
单位成本（分配率）					
辅助生产成本	供电车间	耗用数量			
		分配金额			
辅助生产成本	供水车间	耗用数量			
		分配金额			
制造费用	基本生产车间	耗用数量			
		分配金额			
销售费用		耗用数量			
		分配金额			
管理费用		耗用数量			
		分配金额			
合计					

（4）假设供电车间的计划单位成本为 0.70 元，供水车间的计划单位成本为 0.85 元，采用计划成本分配法分配辅助生产成本并进行账务处理（见表 3-9）。

表 3-9　　　　　　辅助生产成本分配表（计划成本分配法）

辅助生产车间名称			供电车间	供水车间	合计
待分配成本（元）					
提供劳务数量					
计划单位成本					
辅助生产车间	供电	耗用数量			
		分配金额			
	供水	耗用数量			
		分配金额			

（续表）

辅助生产车间名称			供电车间	供水车间	合计
制造费用	基本车间	耗用数量			
		分配金额			
销售费用		耗用数量			
		分配金额			
管理费用		耗用数量			
		分配金额			
按计划成本分配金额合计					
辅助生产实际成本（应分配成本）					
辅助生产成本差异					

15. 某企业有供电和机修两个辅助生产车间，本月辅助生产成本明细账表明：供电车间发生耗费为 7 040 元，机修车间为 6 720 元。供电车间和机修车间之间相互提供产品和劳务。两车间本月提供产品和劳务量如表 3-10 所示。

表 3-10　　　　　　　　辅助生产车间供应产品及劳务数量表

		用电度数（度）	修理工时（小时）
第一车间	产品耗用	18 500	
	一般耗用	1 500	1 800
第二车间	产品耗用	17 000	
	一般耗用	1 000	2 100
管理部门		2 000	100
供电车间			200
机修车间		4 000	
合计		44 000	4 200

要求：

（1）采用直接分配法分配辅助生产成本并进行账务处理（见表 3-11）。

表 3-11　　　　　　　　辅助生产成本分配表(直接分配法)

项目			供电车间	机修车间	合计
待分配辅助生产成本(元)					
供应辅助生产车间以外的劳务数量					
单位成本(分配率)					
基本生产成本	一车间	耗用数量			
		分配金额			
	二车间	耗用数量			
		分配金额			
制造费用	一车间	耗用数量			
		分配金额			
	二车间	耗用数量			
		分配金额			
管理费用		耗用数量			
		分配金额			
合计					

（2）采用交互分配法分配辅助生产成本并进行账务处理（见表 3-12）。

表 3-12　　　　　　　辅助生产成本分配表(交互分配法)

项目		供电车间			机修车间			合计
		数量 (度)	分配率	分配金额 (元)	数量 (小时)	分配率	分配金额 (元)	
待分配辅助生产成本								
交互分配	供电车间							
	机修车间							
对外分配辅助生产成本								

（续表）

项目			供电车间			机修车间			合计
			数量（度）	分配率	分配金额（元）	数量（小时）	分配率	分配金额（元）	
对外分配	基本生产	一车间							
		二车间							
	制造费用	一车间							
		二车间							
	管理费用								
合计									

（3）采用代数分配法分配辅助生产成本并进行账务处理（见表3-13）。

表 3-13　　　　　　　辅助生产成本分配表（代数分配法）

项目			供电车间	机修车间	合计
待分配辅助生产成本（元）					
劳务供应数量总额					
单位成本（分配率）					
辅助生产成本	供电车间	耗用数量			
		分配金额			
辅助生产成本	机修车间	耗用数量			
		分配金额			
基本生产成本	一车间	耗用数量			
		分配金额			
	二车间	耗用数量			
		分配金额			
制造费用	一车间	耗用数量			
		分配金额			
	二车间	耗用数量			
		分配金额			
管理费用		耗用数量			
		分配金额			
合计					

（4）假设供电车间的计划单位成本为 0.15 元，机修车间的计划单位成本为 1.8 元，采用计划成本分配法分配辅助生产成本并进行账务处理（见表 3-14）。

表 3-14　　　　　　　　辅助生产成本分配表（计划成本分配法）

辅助生产车间名称			供电车间	机修车间	合计
待分配成本（元）					
提供劳务数量					
计划单位成本					
辅助生产车间	供电	耗用数量			
		分配金额			
	机修	耗用数量			
		分配金额			
基本生产成本	一车间	耗用数量			
		分配金额			
	二车间	耗用数量			
		分配金额			
制造费用	一车间	耗用数量			
		分配金额			
	二车间	耗用数量			
		分配金额			
管理费用		耗用数量			
		分配金额			
按计划成本分配金额合计					
辅助生产实际成本（应分配成本）					
辅助生产成本差异					

16. 某车间全年度计划制造费用为 26 400 元；全年各种产品的计划产量为：甲产品 300 件，乙产品 200 件；单件工时定额为甲产品 4 小时，乙产品 5 小时；该车间某月实际产量为：甲产品 56 件，乙产品 40 件，实际发生制造费用为 3 800 元。

要求：

（1）计算年度计划分配率。

（2）按年度计划分配率分配制造费用。

（3）编制分配制造费用的会计分录。

17. 某企业的第一生产车间本月份共发生制造费用 51 820 元,其中折旧费和电费为 26 880 元,其他耗费为 24 940 元。该车间共生产甲、乙两种产品,甲产品机器工时为 300 小时,乙产品机器工时为 200 小时。甲生产工时为 2 500 小时,乙生产工时为 1 800 小时。

要求:根据上述资料,折旧费和修理费采用机器工时比例法,其他耗费采用生产工时比例法分配制造费用,并将计算结果填入表 3-15。

表 3-15　　　　　　　　　　制造费用分配表

产品名称	折旧费、电费			其他耗费			制造费用（元）
	机器工时（小时）	分配率	分配金额（元）	生产工时（小时）	分配率	分配金额（元）	
甲产品							
乙产品							
合计							

18. 某生产车间生产甲产品,本月投产 300 件,完工验收入库发现废品 8 件;合格品生产工时 8 760 小时,废品工时 240 小时。甲产品生产成本明细账所记合格品和废品的全部生产耗费为:直接材料 12 000 元,燃料和动力 10 800 元,直接人工 12 600 元,制造费用 7 200 元。原材料是生产开始时一次投入。废品残料入库,作价 50 元。

要求:根据以上资料,编制不可修复废品损失计算表(见表 3-16),并编制有关废品损失的会计分录。

表 3-16　　　　　　　不可修复废品损失计算表(按实际成本计算)

车　间:某生产车间

产品名称:甲产品　　　　　　　　××年×月　　　　　　　金额单位:元

项　　目	数量（件）	直接材料	生产工时（小时）	燃料和动力	直接人工	制造费用	合计
合格品和废品生产成本							
分配率							
不可修复废品的生产成本							
减:废品残值							
废品净损失合计							

19. 某生产车间本月在 B 产品的生产过程中发现不可修复废品 10 件,按所耗定额成本计算不可修复废品的生产成本。单件原材料成本定额为 50 元,已完成的定额工时共计 150 小时,每小时的耗费定额为:燃料和动力 1.5 元,直接人工 1.8 元,制造费用 1.2 元。不可修复废品的残料作价 100 元以辅助材料入库,应由过失人员赔款 200 元。废品净损失由当月同种产品成本负担。

要求:根据以上资料,编制不可修复废品损失计算表(见表 3-17),并编制有关废品损失的会计分录。

表 3-17　　　　　　不可修复废品损失计算表(按定额成本计算)

车　　间:某生产车间

产品名称:B 产品　　　　　　　　　　××年×月　　　　　　　　　金额单位:元

项　　目	数量(件)	直接材料	生产工时(小时)	燃料和动力	直接人工	制造费用	合计
耗费定额							
不可修复废品的生产成本							
减:废品残值							
过失人赔款							
废品净损失合计							

练习题答案

一、单项选择题

1. B　2. B　3. C　4. B　5. A　6. A　7. B　8. C　9. C　10. B　11. C　12. A　13. A　14. D　15. C　16. A　17. B　18. C　19. C　20. B

二、多项选择题

1. ABCE　2. BD　3. ABDE　4. ABCD　5. BCE　6. ABDE　7. ABC　8. ABCDE　9. BC　10. ABC

三、判断题

1. ✕ 2. ✕ 3. ✕ 4. ✓ 5. ✕ 6. ✕ 7. ✕ 8. ✓ 9. ✕ 10. ✕

四、业务综合题

1. 原材料定额成本：A产品：4×300＝1 200(元)

　　　　　　　　　B产品：2×400＝800(元)

材料成本分配率＝4 000/(1 200＋800)＝2

两种产品应分配的材料成本：A产品：1 200×2＝2 400(元)

　　　　　　　　　　　　　B产品：800×2＝1 600(元)

2. (1) 原材料定额消耗量：

　　甲产品：500×6＝3 000(千克)

　　乙产品：400×5＝2 000(千克)

材料费用分配率＝6 000×6/(3 000＋2 000)＝7.2(元/千克)

两种产品应分配的材料计划成本：

　　甲产品：7.2×3 000＝21 600(元)

　　乙产品：7.2×2 000＝14 400(元)

应负担的材料成本差异：

　　甲产品＝21 600×1％＝216(元)

　　乙产品＝14 400×1％＝144(元)

(2) 会计分录：

借：基本生产成本——甲产品(直接材料)	21 600
——乙产品(直接材料)	14 400
贷：原材料——A材料	36 000
借：基本生产成本——甲产品(直接材料)	216
——乙产品(直接材料)	144
贷：材料成本差异——A材料	360

3. (1) 领用材料的实际成本＝(200×30＋100×32)＋(400×32＋200×35)

＋(100×35)＋(300×35＋700×30)＝64 000(元)

(2) 分配材料耗费：

材料定额耗用量:A产品:5×200＝1 000(千克)

       B产品:8×100＝800(千克)

分配率＝64 000/(1 000＋800)＝35.56(元/千克)

应分配的材料耗费:A产品＝35.56×1 000＝35 560(元)

        B产品＝64 000—35 560＝28 440(元)

(3)编制会计分录:

借:基本生产成本——A产品(直接材料)   35 560

     ——B产品(直接材料)   28 440

 贷:原材料——甲材料   64 000

4.(1)原材料定额消耗量:

甲产品:A材料:5×400＝2 000(千克)

   B材料:10×400＝4 000(千克)

乙产品:A材料:4×200＝800(千克)

   B材料:2×200＝400(千克)

A材料分配率＝2 800/(2 000＋800)＝1

B材料分配率＝6 600/(4 000＋400)＝1.5

甲产品实际耗用量为:

   A材料:1×2 000＝2 000(千克)

   B材料:1.5×4 000＝6 000(千克)

乙产品实际耗用量为:

   A材料:1×800＝800(千克)

   B材料:1.5×400＝600(千克)

所耗材料的计划成本:

   甲产品＝2 000×5＋6 000×8＝58 000(元)

   乙产品＝800×5＋600×8＝8 800(元)

   A材料＝(2 000＋800)×5＝14 000(元)

   B材料＝(6 000＋600)×8＝52 800(元)

应分配的材料成本差异:

   甲产品＝58 000×(−1%)＝ −580(元)

$$乙产品=8\ 800×(-1\%)=-88(元)$$

$$A\ 材料=(2\ 000+800)×(-1\%)=-140(元)$$

$$B\ 材料=(6\ 000+600)×(-1\%)=-528(元)$$

（2）会计分录：

借：基本生产成本——甲产品（直接材料）	58 000
——乙产品（直接材料）	8 800
贷：原材料——A 材料	14 000
——B 材料	52 800
借：基本生产成本——甲产品（直接材料）	580
——乙产品（直接材料）	88
贷：材料成本差异——A 材料	140
——B 材料	528

5. （1）领用材料的平均单价$=(200×30)+(500×32+600×35+900×30)/$ $(200+500+600+900)=31.82$（元/千克）

领用材料的实际成本$=2\ 000×31.82=63\ 640$（元）

（2）分配材料耗费：

材料定额耗用量：A 产品：$5×200=1\ 000$（千克）

B 产品：$8×100=800$（千克）

分配率$=63\ 640/(1\ 000+800)=35.36$（元/千克）

应分配的材料耗费：

A 产品$=35.36×1\ 000=35\ 360$（元）

B 产品$=63\ 640-35\ 360=28\ 280$（元）

（3）编制会计分录：

借：基本生产成本——A 产品（直接材料）	35 360
——B 产品（直接材料）	28 280
贷：原材料——甲材料	63 640

6. （1）成本差异率$=-850/85\ 000=-1\%$

发出材料应结转的差异额$=21\ 500×(-1\%)=-215$（元）

（2）会计分录：

发出材料：

借：基本生产成本——甲产品（直接材料） 11 000

　　　　　　——乙产品（直接材料） 7 500

　制造费用（机物料消耗） 2 000

　管理费用（机物料消耗） 1 000

　贷：原材料 21 500

结转差异：

借：基本生产成本——甲产品（直接材料） 110

　　　　　　——乙产品（直接材料） 75

　制造费用（机物料消耗） 20

　管理费用（机物料消耗） 10

　贷：材料成本差异 215

7．（1）燃料定额成本：

A产品：50×500＝25 000（元）

B产品：20×300＝6 000（元）

燃料耗费分配率＝46 500/（25 000＋6 000）＝1.5

两种产品应分配的燃料耗费：

A产品：25 000×1.5＝37 500（元）

B产品：6 000×1.5＝9 000（元）

（2）借：基本生产成本——A产品（燃料及动力） 37 500

　　　　　　——B产品（燃料及动力） 9 000

　贷：燃料 46 500

8．（1）分配电费：

分配率＝15 200/（10 000＋4 000＋1 200）＝1（元/小时）

基本车间：产品用电费＝9 000×1＝9 000（元）

　　　　照明用电费＝1 000×1＝1 000（元）

辅助车间：用电费＝4 000×1＝4 000（元）

企业管理部门:用电费=1 200×1=1 200(元)

合　　计　　　　　　　　15 200(元)

分配A、B产品动力费:

分配率=9 000/(3 000+2 000)=1.8(元/小时)

A产品负担:3 000×1.8=5 400(元)

B产品负担:2 000×1.8=3 600(元)

(2) 会计分录:

支付时:借:应付账款　　　　　　　　　　　　　　　　　　　15 200

　　　　　贷:银行存款　　　　　　　　　　　　　　　　　　　　　15 200

分配时:借:基本生产成本——A产品(燃料及动力)　　　　　　　5 400

　　　　　　　　　　　　——B产品(燃料及动力)　　　　　　　3 600

　　　　辅助生产成本(水电费)　　　　　　　　　　　　　　4 000

　　　　制造费用——基本车间(水电费)　　　　　　　　　　1 000

　　　　管理费用(水电费)　　　　　　　　　　　　　　　　1 200

　　　　贷:应付账款　　　　　　　　　　　　　　　　　　　　　15 200

9. (1)产品定额工时:A产品=15/60×14 000=3 500(小时)

　　　　　　　　　B产品=18/60×10 000=3 000(小时)

　　　　　　　　　C产品=12/60×13 500=2 700(小时)

分配率=23 000/(3 500×3 000×2 700)=2.5(元/小时)

各产品分配工资耗费:A产品=2.5×3 500=8 750(元)

　　　　　　　　　　B产品=2.5×3 000=7 500(元)

　　　　　　　　　　C产品=2.5×2 700=6 750(元)

(2) 会计分录:

借:基本生产成本——A产品(直接人工)　　　　　　　　　　8 750

　　　　　　　　——B产品(直接人工)　　　　　　　　　　7 500

　　　　　　　　——C产品(直接人工)　　　　　　　　　　6 750

　　辅助生产成本——锅炉车间(职工薪酬)　　　　　　　　4 000

　　制造费用——基本车间(职工薪酬)　　　　　　　　　　1 500

　　管理费用(职工薪酬)　　　　　　　　　　　　　　　　2 600

　　贷:应付职工薪酬——工资　　　　　　　　　　　　　　　31 100

10. 定额工时：甲产品＝1 000×2.5＝2 500（小时）

　　　　　　乙产品＝400×2.45＝980（小时）

　　　　　　丙产品＝450×1.6＝720（小时）

工资费用分配率＝29 400/（2 500＋980＋720）＝7（元/小时）

　　　　甲产品生产工人工资＝2 500×7＝17 500（元）

　　　　乙产品生产工人工资＝980×7＝6 860（元）

　　　　丙产品生产工人工资＝720×7＝5 040（元）

计算结果如表 3-18 所示。

表 3-18　　　　　　　　　生产工人工资及福利费分配表

产品名称	定额工时（小时）	分配率	生产工人计时工资（元）	计提比例	职工福利费（元）
甲产品	2 500	7	17 500	14%	2 450
乙产品	980	7	6 860	14%	960.4
丙产品	720	7	5 040	14%	705.6
合　计	4 200	7	29 400	14%	4 116

11. 年折旧率＝（1－10%）/20＝4.5%

　　月折旧率＝4.5%/12＝0.375%

　　月折旧额＝300 000×0.375%＝1 125（元）

　　或年折旧额＝300 000×（1－10%）/20＝13 500（元）

　　月折旧额＝13 500/12＝1 125（元）

12. 年折旧率＝（1－10%）/20＝4.5%

　　月折旧率＝4.5%/12＝0.375%

　　月折旧额＝300 000×0.375%＝1 125

　　或年折旧额＝300 000×（1－10%）/20＝13 500

　　月折旧额＝13 500/12＝1 125

其中：基本生产车间折旧额为：1 125×200 000/300 000＝750（元）

　　　企业行政管理部门折旧额为：1 125×100 000/300 000＝375（元）

会计分录为：

借：制造费用（折旧费）　　　　　　　　　　　　　　　　750

　　管理费用（折旧费）　　　　　　　　　　　　　　　　375

　　贷：累计折旧　　　　　　　　　　　　　　　　　　　　1 125

13.（1）动力费分配率＝（4 000×1.00)/(3 000＋2 000)＝0.8(元/度)

　　　　A产品负担动力费＝3 000×0.8＝2 400(元)

　　　　B产品负担动力费＝2 000×0.8＝1 600(元)

（2）会计分录：

借：基本生产成本——A产品（燃料及动力）　　　　　　　2 400

　　　　　　　——B产品（燃料及动力）　　　　　　　1 600

　　辅助生产成本（水电费）　　　　　　　　　　　　　　1 300

　　制造费用（水电费）　　　　　　　　　　　　　　　　400

　　管理费用（水电费）　　　　　　　　　　　　　　　　300

　　贷：应付账款　　　　　　　　　　　　　　　　　　　　6 000

14.（1）采用直接分配法分配辅助生产成本并进行账务处理（见表3-19）。

表3-19　　　　　　　　　　辅助生产成本分配表（直接分配法）

项目			供电车间	供水车间	合计
待分配辅助生产成本(元)			17 400	8 500	25 900
供应辅助生产车间以外的劳务数量			25 000（千瓦·小时)	10 000（立方米)	
单位成本(分配率)			0.696	0.85	
制造费用	基本生产车间	耗用数量	20 000	9 000	
		分配金额	13 920	7 650	21 570
	销售费用	耗用数量	1 000	200	
		分配金额	696	170	866
	管理费用	耗用数量	4 000	800	
		分配金额	2 784	680	3 464
合计			17 400	8 500	25 900

```
借:制造费用——基本生产车间(水电费)                21 570
    销售费用(水电费)                                  866
    管理费用(水电费)                                3 464
  贷:辅助生产成本——供电车间(转出)                 17 400
    辅助生产成本——供水车间(转出)                   8 500
```

(2) 采用交互分配法分配辅助生产成本并进行账务处理(见表3-20)。

表3-20　　　　　　　　辅助生产成本分配表(交互分配法)

项目		供电车间			供水车间			合计(元)
		数量(千瓦·小时)	分配率	分配金额(元)	数量(立方米)	分配率	分配金额(元)	
待分配辅助生产成本		29 000	0.6	17 400	12 500	0.68	8 500	25 900
交互分配	供电车间				2 500		1 700	1 700
	供水车间	4 000		2 400				2 400
对外分配辅助生产成本		25 000	0.668	16 700	10 000	0.92	9 200	25 900
对外分配	制造费用 基本车间	20 000		13 360	9 000		8 280	21 640
	销售费用	1 000		668	200		184	852
	管理费用	4 000		2 672	800		736	3 408
合计				16 700			9 200	25 900

```
借:辅助生产成本——供电车间(水费)                 1 700
    辅助生产成本——供水车间(电费)                 2 400
  贷:辅助生产成本——供电车间(转出)                 2 400
    辅助生产成本——供水车间(转出)                 1 700
借:制造费用——基本生产车间(水电费)              21 640
    销售费用(水电费)                                852
    管理费用(水电费)                              3 408
  贷:辅助生产成本——供电车间(转出)               16 700
    辅助生产成本——供水车间(转出)                 9 200
```

(3) 采用代数分配法分配辅助生产成本并进行账务处理(见表3-21)。

假设 x 为供电车间每千瓦小时电的成本,y 为供水车间每一立方米的成本。

$$17\ 400 + 2\ 500y = 29\ 000x$$

$$8\ 500 + 4\ 000x = 12\ 500y$$

解得：$x = 0.677\ 3$，$y = 0.896\ 7$。

表 3-21　　　　　　　　辅助生产成本分配表（代数分配法）

项目		供电车间	供水车间	合计
待分配辅助生产成本（元）		17 400	8 500	25 900
劳务供应数量总额		29 000（千瓦·小时）	12 500（立方米）	
单位成本（分配率）		0.677 3	0.896 7	
辅助生产成本　供电车间	耗用数量		2 500.00	
	分配金额		2 241.75	2 241.75
辅助生产成本　供水车间	耗用数量	4 000.00		
	分配金额	2 709.20		2 709.20
制造费用　基本生产车间	耗用数量	20 000.00	9 000.00	
	分配金额	13 546.00	8 070.30	21 616.30
销售费用	耗用数量	1 000.00	200.00	
	分配金额	677.30	179.34	856.64
管理费用	耗用数量	4 000.00	800.00	
	分配金额	2 709.25	717.81	3 427.06
合计		19 641.75	11 209.20	30 850.95

借：辅助生产成本——供电车间（水费）　　　　　　　2 241.75

　　辅助生产成本——供水车间（电费）　　　　　　　2 709.20

　　制造费用——基本生产车间（水电费）　　　　　　21 616.30

　　销售费用（水电费）　　　　　　　　　　　　　856.64

　　管理费用（水电费）　　　　　　　　　　　　　3 427.06

　贷：辅助生产成本——供电车间（转出）　　　　　　19 641.75

　　辅助生产成本——供水车间（转出）　　　　　　　11 209.20

（4）假设供电车间的计划单位成本为 0.70 元，供水车间的计划单位成本为 0.85元，采用计划成本分配法分配辅助生产成本并进行账务处理（见表 3-22）。

表 3-22　　　　　　　　　　　辅助生产成本分配表（计划成本分配法）

辅助生产车间名称			供电车间	供水车间	合计
待分配成本（元）			17 400	8 500	25 900
提供劳务数量			29 000 （千瓦·小时）	12 500 （立方米）	
计划单位成本			0.70	0.85	
辅助生产车间	供电	耗用数量		2 500	
		分配金额		2 125	2 125
	供水	耗用数量	4 000		
		分配金额	2 800		2 800
制造费用	基本车间	耗用数量	20 000	9 000	
		分配金额	14 000	7 650	21 650
销售费用		耗用数量	1 000	200	
		分配金额	700	170	870
管理费用		耗用数量	4 000	800	
		分配金额	2 800	680	3 480
按计划成本分配金额合计			20 300	10 625	30 925
辅助生产实际成本			19 525	11 300	30 825
辅助生产成本差异			－775	675	－100

借：辅助生产成本——供电车间（水电费）　　　　　　　　　　2 125

　　辅助生产成本——供电车间（水电费）　　　　　　　　　　2 800

　　制造费用——基本生产车间（水电费）　　　　　　　　　21 650

　　销售费用（水电费）　　　　　　　　　　　　　　　　　　870

　　管理费用（水电费）　　　　　　　　　　　　　　　　　3 480

　　贷：辅助生产成本——供电车间（转出）　　　　　　　　20 300

　　　　辅助生产成本——机修车间（转出）　　　　　　　　10 625

借：管理费用　　　　　　　　　　　　　　　　　　　　　　100

　　贷：辅助生产成本——供电车间（转出）　　　　　　　　　775

　　　　辅助生产成本——供水车间（转出）　　　　　　　　　675

15.（1）采用直接分配法分配辅助生产成本并进行账务处理（见表 3-23）。

表 3-23　　　　　　　　辅助生产成本分配表（直接分配法）

项目			供电车间	机修车间	合计
待分配辅助生产成本（元）			7 040	6 720	13 760
供应辅助生产车间以外的劳务数量			40 000（度）	4 000（小时）	
单位成本（分配率）			0.176	1.68	
基本生产成本	一车间	耗用数量	18 500		
		分配金额	3 256		3 256
	二车间	耗用数量	17 000		
		分配金额	2 992		2 992
制造费用	一车间	耗用数量	1 500		
		分配金额	264		264
	二车间	耗用数量	1 000		
		分配金额	176		176
管理费用		耗用数量	2 000	4 000	
		分配金额	352	6 720	7 072
合计			7 040	6 720	13 760

借：基本生产成本——一车间（燃料及动力）　　　　　　　3 256

　　基本生产成本——二车间（燃料及动力）　　　　　　　2 992

　　制造费用——一车间（水电费）　　　　　　　　　　　264

　　制造费用——一车间（水电费）　　　　　　　　　　　176

　　管理费用（水电费）　　　　　　　　　　　　　　　　352

　　管理费用（修理费）　　　　　　　　　　　　　　　6 720

　　贷：辅助生产成本——供电车间（转出）　　　　　　　7 040

　　　　辅助生产成本——机修车间（转出）　　　　　　　6 720

（2）采用交互分配法分配辅助生产成本并进行账务处理。

表 3-24　　　　　　　　　辅助生产成本分配表（交互分配法）

项目		供电车间			机修车间			合计（元）
		数量（度）	分配率	分配金额（元）	数量（小时）	分配率	分配金额（元）	
待分配辅助生产成本		44 000	0.16	7 040	4 200	1.6	6 720	13 760
交互分配	供电车间							
	机修车间	4 000		640				640
对外分配辅助生产成本		40 000	0.16	6 400	4 200	1.752 4	7 360	13 760
对外分配	基本生产 一车间	18 500		2 960				2 960
	基本生产 二车间	17 000		2 720				2 720
	制造费用 一车间	1 500		240				240
	制造费用 二车间	1 000		160				160
	管理费用	2 000		320	4 200		7 360	7 680
合计		40 000	.	6 400	4 200		7 360	13 760

借：辅助生产成本——机修车间（水电费）　　　　　　　　　　　　640

　贷：辅助生产成本——供电车间（转出）　　　　　　　　　　　　640

借：基本生产成本——一车间（燃料及动力）　　　　　　　　　　2 960

　基本生产成本——二车间（燃料及动力）　　　　　　　　　　2 720

　制造费用——一车间（水电费）　　　　　　　　　　　　　　240

　制造费用——一车间（水电费）　　　　　　　　　　　　　　160

　管理费用（水电费）　　　　　　　　　　　　　　　　　　　320

　管理费用（修理费）　　　　　　　　　　　　　　　　　　7 360

　贷：辅助生产成本——供电车间（转出）　　　　　　　　　　6 400

　　辅助生产成本——机修车间（转出）　　　　　　　　　　7 360

（3）采用代数分配法分配辅助生产成本并进行账务处理（见表 3-25）。

假设 x 为供电车间每度电的成本，y 为机修车间每一修理工时的成本。

$$7\,040 = 44\,000x$$

$$6\,720 + 4\,000x = 4\,200y$$

解得:$x=0.16$,$y=1.7524$。

表 3-25 辅助生产成本分配表(代数分配法)

项目			供电车间	机修车间	合计
待分配辅助生产成本(元)			7 040	6 720	13 760
劳务供应数量总额			44 000(度)	4 200(小时)	
单位成本(分配率)			0.16	1.752 4	
辅助生产成本	供电车间	耗用数量			
		分配金额			
辅助生产成本	机修车间	耗用数量	4 000		
		分配金额	640		640
基本生产成本	一车间	耗用数量	18 500		
		分配金额	2 960		2 960
	二车间	耗用数量	17 000		
		分配金额	2 720		2 720
制造费用	一车间	耗用数量	1 500		
		分配金额	240		240
	二车间	耗用数量	1 000		
		分配金额	160		160
管理费用		耗用数量	2 000	4 200	
		分配金额	320	7 360	7 680
合计			7 040	7 360	14 400

借:基本生产成本——一车间(燃料及动力)　　2 960

基本生产成本——二车间(燃料及动力)　　2 720

辅助生产成本——机修车间(水电费)　　640

制造费用——一车间(水电费)　　240

制造费用——一车间(水电费)　　160

管理费用(水电费)　　320

管理费用(修理费)　　7 360

贷:辅助生产成本——供电车间(转出)　　7 040

辅助生产成本——机修车间(转出)　　7 360

（4）假设供电车间的计划单位成本为0.15元，机修车间的计划单位成本为1.8元，采用计划成本分配法分配辅助生产成本并进行账务处理（见表3-26）。

表 3-26　　　　　　辅助生产成本分配表（计划成本分配法）

辅助生产车间名称			供电车间	机修车间	合计
待分配成本（元）			7 040	6 720	13 760
提供劳务数量			44 000（度）	4 200（小时）	
计划单位成本			0.15	1.8	
辅助生产车间	供电	耗用数量			
		分配金额			
	机修	耗用数量	4 000		
		分配金额	600		600
基本生产成本	一车间	耗用数量	18 500		
		分配金额	2 775		2 775
	二车间	耗用数量	17 000		
		分配金额	2 550		2 550
制造费用	一车间	耗用数量	1 500		
		分配金额	225		225
	二车间	耗用数量	1 000		
		分配金额	150		150
管理费用		耗用数量	2 000	4 200	
		分配金额	300	7 560	7 860
按计划成本分配金额合计			6 600	7 560	14 160
辅助生产实际成本（应分配成本）			7 040	7 320	14 360
辅助生产成本差异			440	−240	200

借：基本生产成本————一车间（燃料及动力）   2 775

  基本生产成本————二车间（燃料及动力）   2 550

  辅助生产成本—机修车间（水电费）   600

  制造费用————一车间（水电费）   225

  制造费用————一车间（水电费）   150

  管理费用（水电费）   300

  管理费用（修理费）   7 560

  贷：辅助生产成本————供电车间（转出）   6 600

   辅助生产成本————机修车间（转出）   7 560

借：管理费用   200

  贷：辅助生产成本————供电车间（转出）   440

   辅助生产成本————机修车间（转出）   240

16. （1）甲产品年度预计定额工时＝300×4＝1 200（小时）

   乙产品年度预计定额工时＝200×5＝1 000（小时）

   年度计划分配率＝26 400÷(1 200＋1 000)＝12（元/小时）

（2）本月甲产品实际定额工时＝56×4＝224（小时）

  本月乙产品实际定额工时＝40×5＝200（小时）

  本月甲产品应分配的制造费用＝224×12＝2 688（小时）

  本月乙产品应分配的制造费用＝200×12＝2 400（小时）

（3）借：基本生产成本————甲产品（制造费用）   2 688

   基本生产成本————乙产品（制造费用）   2 400

    贷：制造费用   5 088

17. 制造费用分配表如表 3-27 所示。

表 3-27   制造费用分配表

产品名称	折旧费、电费			其他耗费			制造费用（元）
	机器工时（小时）	分配率	分配金额（元）	生产工时（小时）	分配率	分配金额（元）	
甲产品	300		16 128	2 500		14 500	30 628
乙产品	200		10 752	1 800		10 440	21 192
合计	500	53.76	26 880	4 300	5.8	24 940	51 820

18. 按实际成本计算的不可修复废品损失计算表如表 3-28 所示。

表 3-28　　　　　　　不可修复废品损失计算表(按实际成本计算)

车　　间:某生产车间

产品名称:甲产品　　　　　　　　××年×月　　　　　　　金额单位:元

项　　目	数量(件)	直接材料	生产工时(小时)	燃料和动力	直接人工	制造费用	合计
合格品和废品生产成本	300	12 000	9 000	10 800	12 600	7 200	42 600
分配率		40		1.20	1.40	0.80	
不可修复废品的生产成本	8	320	240	288	336	192	1 136
减:废品残值							50
废品净损失合计							1 086

(1) 结转不可修复废品的生产成本。

借:废品损失——甲产品　　　　　　　　　　　　　　　　　　　1 136

　贷:基本生产成本——甲产品(直接材料)　　　　　　　　　　　320

　　　　　　——甲产品(燃料和动力)　　　　　　　　　　　288

　　　　　　——甲产品(直接人工)　　　　　　　　　　　336

　　　　　　——甲产品(制造费用)　　　　　　　　　　　192

(2) 收回废品残值。

借:原材料　　　　　　　　　　　　　　　　　　　　　　　　50

　贷:废品损失——甲产品　　　　　　　　　　　　　　　　　　50

(3) 结转废品的净损失。

借:基本生产成本——甲产品(废品损失)　　　　　　　　　　　1 086

　贷:废品损失——甲产品　　　　　　　　　　　　　　　　　　1 086

19. 按定额成本计算的不可修复废品损失计算表如表 3-29 所示。

表 3-29　　　　　　　　　不可修复废品损失计算表（按定额成本计算）

车　　间：某生产车间

产品名称：B产品　　　　　　　　　　　　　　　××年×月　　　　　　　　金额单位：元

项　　目	数量（件）	直接材料	生产工时（小时）	燃料和动力	直接人工	制造费用	合计
耗费定额		50		1.5	1.8	1.2	
不可修复废品的生产成本	10	500	150	225	270	180	1 175
减：废品残值							100
过失人赔款							200
废品净损失合计							875

（1）结转不可修复废品的生产成本。

借：废品损失——B产品　　　　　　　　　　　　　　　　1 175
　　贷：基本生产成本——B产品（直接材料）　　　　　　　　　500
　　　　　　　　　　——B产品（燃料和动力）　　　　　　　　225
　　　　　　　　　　——B产品（直接人工）　　　　　　　　　270
　　　　　　　　　　——B产品（制造费用）　　　　　　　　　180

（2）收回废品残值和责任人赔款。

借：原材料　　　　　　　　　　　　　　　　　　　　　　100
　　其他应收款——×××　　　　　　　　　　　　　　　200
　　贷：废品损失——B产品　　　　　　　　　　　　　　　300

（3）结转废品的净损失。

借：基本生产成本——B产品（废品损失）　　　　　　　　875
　　贷：废品损失——B产品　　　　　　　　　　　　　　875

第四章　生产成本在完工产品与在产品之间的分配

第一节　生产成本在完工产品与在产品之间分配的几种情况

一、在产品与完工产品的含义

工业企业的在产品有广义在产品和狭义在产品之分。

二、生产成本在完工产品与在产品之间分配的几种情况

第二节　在产品的核算

一、在产品收发结存的数量核算

二、在产品清查的核算

第三节　生产成本在完工产品与在产品之间分配的方法

一、在产品不计算成本法

二、在产品按固定成本计价法

三、在产品按所耗原材料成本计价法

四、约当产量比例法

五、在产品按完工产品计算法

六、在产品按定额成本计价法

七、定额比例法

第四节　完工产品成本的结转

完工入库产成品的成本,借记"库存商品"科目;完工的自制材料、工具、模具等的成本,分别借记"原材料""周转材料"(或"低值易耗品")等科目,贷记"基本生产成本"科目。

本章练习题

一、单项选择题

1. 按完工产品和月末在产品数量比例,分配计算完工产品和月末在产品成本,必须具备的条件是( )。

   A. 在产品已接近完工

   B. 原材料在生产开始时一次投料

   C. 在产品原材料耗费比重大

   D. 各项消耗定额比较准确

2. 月末可以不计算在产品成本的条件是(　　)。

　A. 各月末在产品数量很少

　B. 各月末在产品数量很大

　C. 各月末在产品数量变化很小

　D. 各月末在产品数量变化很大

3. 月末在产品成本可以按固定数计算的条件是(　　)。

　A. 原材料耗费在产品成本中比重较大

　B. 各月末在产品数量较大,但数量变化不大

　C. 各月末在产品数量很小

　D. 各月末在产品数量很大

4. 为了组织在产品数量的日常核算,可以设置(　　)。

　A. "原材料"账户　　　　　　　B. "在产品"台账

　C. "在产品"账户　　　　　　　D. "库存商品"账户

5. 如果某种产品月末在产品数量较大,各月末在产品数量变化也较大,产品成本中材料耗费的比重与其他加工耗费的比重相当,则生产成本在完工产品与月末在产品之间的分配应采用(　　)。

　A. 在产品按所耗原材料成本计价法　　B. 约当产量比例法

　C. 在产品按定额成本计价法　　　　D. 不计算在产品法

6. 在产品只计算材料成本,主要适合于(　　)的产品。

　A. 月末在产品数量较大,但各月大体相同

　B. 定额资料比较完整

　C. 直接材料耗费在产品成本中所占比重较大

　D. 工资和其他耗费发生比较均衡

7. 在财产清查中发生的在产品的盘亏,如果是由于意外灾害造成的损失,在扣除了残值和保险公司赔款后的净损失,应借记的账户是(　　)。

　A. "营业外支出"　　　　　　　B. "生产成本"

　C. "其他应收款"　　　　　　　D. "管理费用"

8. 如果原材料投入程度与生产工时投入程度或加工程度一致,或基本一致,原材料耗费也可以按完工产品和月末在产品的下列比例分配计算(　　)。

　A. 所耗原材料的数量

B. 在产品的实际产量

C. 在产品的约当产量

D. 完工产品实际产量和在产品的约当产量

9. 计算月末在产品约当量的依据是（　　　）。

    A. 月末在产品数量

    B. 本月完工产品数量

    C. 月末在产品数量和完工程度

    D. 月末在产品定额成本和定额工时

10. 某种产品月末在产品数量变动较大,产品内的各项消耗定额或费用定额比较准确,则生产成本在完工产品与月末在产品之间的分配,应采用(　　　)。

    A. 定额比例法

    B. 约当产量比例法

    C. 在产品按定额成本计价法

    D. 不计算在产品成本法

11. 某产品经两道工序加工,第一、第二道工序原材料消耗定额分别为 20 千克、30 千克。原材料不是开始时一次投入,而是在生产开始后陆续投入,其投入程度与工时投入进度不一致。则第一、第二道工序在产品的材料成本投料率分别为(　　　)。

    A. 20%、70%　　　　　　　　　　　　B. 40%、100%

    C. 20%、100%　　　　　　　　　　　　D. 40%、70%

12. 某企业甲产品需要经过两道工序制成,第一道工序工时定额为 20 小时,第二道工序工时定额为 30 小时,则第二道工序的完工率为(　　　)。

    A. 40%　　　　　　　　　　　　　　　B. 60%

    C. 70%　　　　　　　　　　　　　　　D. 80%

13. 完工产品与在产品之间成本分配核算中,对于定额管理基础较好,各项消耗定额或成本定额比较准确稳定,且各月在产品数量变动不大的产品,适用的分配方法(　　　)。

    A. 定额比例法

    B. 在产品按固定成本计价法

    C. 在产品按定额成本计价法

　　　　D. 在产品按完工产品计算法

14. 以下在完工产品和在产品成本分配方法中需要计算分配率的是(　　)。

　　　　A. 不计算在产品成本法

　　　　B. 在产品按固定成本计价法

　　　　C. 在产品按定额成本计价法

　　　　D. 定额比例法

15. 在产品完工率＝(　　)÷产品工时定额。

　　　　A. 所在工序工时定额之半

　　　　B. 所在工序累计工时定额

　　　　C. 上道工序累计工时定额与所在工序工时定额之半的合计数

　　　　D. 所在工序工时定额

16. 以下在完工产品和在产品成本分配方法中不需要计算分配率的是(　　)。

　　　　A. 约当产量法

　　　　B. 定额比例法

　　　　C. 在产品按完工成本计算法

　　　　D. 在产品按定额成本计价法

17. 某产品经两道工序加工,第一、第二道工序原材料消耗定额分别为20千克、30千克。原材料不是开始时一次投入,而是在每道工序开始时一次性投入。则第一、二道工序在产品的材料成本投料率分别为(　　)。

　　　　A. 20%、70%　　　　　　　　　　　　B. 40%、100%

　　　　C. 20%、100%　　　　　　　　　　　D. 40%、70%

18. 某产品经两道工序加工,第一、第二道工序原材料消耗定额分别为20千克、30千克。原材料是开始时一次投入。则第一、第二道工序在产品的材料成本投料率分别为(　　)。

　　　　A. 20%、70%　　　　　　　　　　　　B. 40%、100%

　　　　C. 100%、100%　　　　　　　　　　D. 40%、70%

19. 在产品不计算成本法体现了成本核算的(　　)。

　　　　A. 重要性原则　　　　　　　　　　　B. 实际成本原则

　　　　C. 一致性原则　　　　　　　　　　　D. 可靠性原则

20. 某产品经三道工序加工而成,各工序的工时定额分别为10小时、20小时、20

小时。各工序在产品在本工序的加工程度按工时定额的50%计算。第三工序的完工率为( )。

A. 50%   B. 10%   C. 80%   D. 40%

二、多项选择题

1. 下列属于完工产品与在产品之间分配生产成本的方法有( )。

    A. 约当产量比例法   B. 定额比例法

    C. 交互分配法   D. 顺序分配法

2. 选择完工产品与在产品之间成本分配方法时,应考虑的条件是( )。

    A. 月末在产品数量的多少

    B. 各月之间在产品数量变化的大小

    C. 各项耗费在产品成本中所占比重的大小

    D. 消耗定额制定的准确性与定额管理基础工作的好坏

3. 计算本月完工产品成本时,要依据的成本资料主要有( )。

    A. 月初在产品成本   B. 本月发生生产成本

    C. 月末在产品成本   D. 上月完工产品成本

4. 完工产品与在产品之间分配成本的约当产量比例法可以用来分配( )。

    A. 直接材料耗费   B. 直接人工耗费

    C. 制造费用   D. 管理费用

5. 影响某道工序在产品完工率的因素有( )。

    A. 本工序工时定额

    B. 前面各道工序工时定额之和

    C. 整个产品工时定额

    D. 本工序工时定额的完工程度

6. 下列情况下,需要计算在产品投料率的有( )。

    A. 原材料在生产开始时一次投入

    B. 原材料分别在各工序开始时一次投入

    C. 材料随着加工进度陆续投入,投入程度与加工进度一致

    D. 原材料随着加工进度陆续投入,投入程度与加工进度不一致

7. 某产品经三道工序加工而成,各工序的工时定额分别为8小时、7小时和5小

时,各工序在产品在本道工序的加工进度按工时定额的50%计算。则各工序的完工率应为( )。

A. 20%　　　　　B. 40%　　　　　C. 57.5%　　　　　D. 87.5%

8. 按完工产品和月末在产品数量比例分配计算完工产品和在产品成本,必须符合如下条件( )。

A. 在产品已近完工

B. 原材料在生产开始时一次投料

C. 各项消耗定额比较准确

D. 月末在产品已经加工完成,但尚未验收入库

9. 采用定额比例法分配完工产品和在产品成本,应具备的条件有( )。

A. 消耗定额比较准确

B. 消耗定额比较稳定

C. 各月末在产品数量变化较大

D. 各月末在产品数量变化不大

E. 各月末产成品数量变化较大

10. 完工产品与在产品之间分配成本,采用在产品按固定成本计价法的情况有( )。

A. 各月末在产品数量较大

B. 各月末在产品数量较小

C. 各月成本水平相差不大

D. 各月末在产品数量虽大,但各月之间变化不大

E. 各月末完工产品数量较小

三、判断题

1. 企业本月完工产品总成本,应当等于本月发生的全部生产成本。　　　　( )

2. 如果某种产品,月末在产品成本按固定数计算,则该种产品本月发生的生产成本就是本月完工产品的成本。　　　　( )

3. 在产品约当产量是指在产品按照数量和完工程度折合为完工产品的数量。

( )

4. 采用在产品按定额成本计价法分配完工产品与月末在产品之间的生产成本,

定额成本与实际成本的差异,由在产品负担。 （   ）

5. 为了简化核算,任何企业应当采用定额法来计算在产品成本。 （   ）

6. 采用在产品按定额成本计价法,分配完工产品与月末在产品的生产成本时,应首先计算出完工产品的实际成本,然后再计算月末在产品的定额成本。 （   ）

7. 生产成本在完工产品和月末产品之间分配的方法很多,企业可根据所生产产品的特点及管理情况而定。一旦采用某种方法,不应随意变动,以便不同时期的产品具有可比性。 （   ）

8. 原材料在生产产品的每道工序开始时一次投入,用来分配原材料耗费的投料率,是该工序原材料消耗定额和完工产品原材料消耗定额的比率。 （   ）

9. 约当产量比例法,只适用于工资和其他加工成本的分配,不适用于原材料成本的分配。 （   ）

10. 采用在产品按定额成本计价法的企业,为了使各项消耗定额或耗费定额比较准确,应经常修订定额。 （   ）

四、业务综合题

1. 某企业 A 产品成本中原材料成本所占比重较大,月末在产品按所耗原材料成本计价。6 月初在产品成本为直接材料 500 元,6 月份投入生产成本为:直接材料 15 000 元,燃料及动力 800 元,直接人工 912 元,制造费用 1 000 元,月末在产品的材料成本为 1 000 元,本月完工 A 产品 100 件,月末在产品 20 件。

要求:计算完工产品成本与在产品成本。

2. 某产品经过三道工序加工完成,月末在产品数量及原材料消耗定额资料如表 4-1 所示。

表 4-1　　　　　　　　月末在产品及原材料消耗定额情况表

工序	月末在产品数量(件)	单位产品原材料消耗定额(千克)
1	100	70
2	120	80
3	140	100
合计	360	250

要求:分别计算各工序在产品的投料率及月末在产品直接材料成本项目的约当产量。

(1)原材料于每个工序一开始时投入。

(2)原材料于每个工序开始以后逐步投入。

3. 南山工厂生产的乙产品顺序经过第一、第二、第三三道工序加工,原材料分别在各工序生产开始时投入,各工序在产品在本工序的加工程度为50%。该产品本年9月单位产品原材料消耗定额为1 000元,其中,第一工序700元,第二工序200元,第三工序100元;单位产品工时消耗定额为100小时,其中,第一工序40小时,第二工序40小时,第三工序20小时。本月月末乙产品盘存在产品500件,其中,第一工序200件,第二工序200件,第三工序100件。

要求:根据资料分成本项目计算乙产品月末在产品约当量,并填入约当产量计算表(见表4-2)。

表4-2　　　　　　　　南山工厂在产品完工程度及约当产量计算表

产品:乙产品　　　　　　　　　　20××年9月　　　　　　　　　计量单位:件

工序	在产品数量	直接材料项目			加工成本项目		
		投料定额（千克）	在产品投料率	在产品约当产量	工时定额（小时）	在产品完工率	在产品约当产量
一							
二							
三							
合计							

4. 南山工厂生产的甲产品原材料在生产开始时一次投入,直接人工和制造费用的发生比较均衡,月末在产品完工程度可按50%计算。本年9月完工入库甲产品400件,月末盘存甲产品在产品为100件。根据产品成本计算单提供的资料,甲产品月初在产品成本为80 000元,其中,直接材料48 000元,直接人工20 000元,制造费用12 000元;本月发生生产成本为400 000元,其中,直接材料210 100元,直接人工121 750元,制造费用68 150元。

要求:根据资料采用约当产量法计算甲产品本月完工产品成本和月末在产品成本,并将计算结果填入产品成本计算单(见表4-3)。

表 4-3　　　　　　　　　　南山工厂产品成本计算单

产品:甲产品　产量:　　件　　　　　　20××年9月　　　　　　金额单位:元

摘　要	直接材料	直接人工	制造费用	合　计
月初在产品成本				
本月生产成本				
生产成本合计				
本月完工产品数量				
月末在产品约当量				
约当产量合计				
完工产品单位成本				
本月完工产品总成本				
月末在产品成本				

5. 某工厂生产的甲产品,由两道工序组成,原材料在生产开始时一次投入。8月份生产完工产品 1 100 件,月末在产品 400 件。其单位产品的原材料耗费定额为 200 元,每小时加工成本定额为:燃料和动力 0.50 元,直接人工 0.60 元,制造费用 0.90 元。各工序工时定额和 8 月份期末在产品数量如表 4-4 所示。

表 4-4　　　　　　　　甲产品各工序情况表

产品名称	工　序	工时定额(小时/件)	在产品数量(件)
甲产品	1	30	300
	2	10	100
	合　计	40	400

8 月份该企业生产甲产品应负担的各项成本如表 4-5 所示。

表 4-5　　　　　　　　　　甲产品成本计算单

产量:1 100 件

产品名称:　　　　　　　20××年8月甲　　　　　　金额单位:元

成本项目	月初在产品成本	本月生产成本	生产成本合计	月末在产品成本	完工产品成本
直接材料	40 000	247 000			
燃料及动力	2 000	25 000			
直接人工	2 400	30 000			

（续表）

成本项目	月初在 产品成本	本月 生产成本	生产 成本合计	月末在 产品成本	完工 产品成本
制造费用	3 600	45 000			
合　计	48 000	347 000			

要求：根据上列资料，运用月末在产品按定额成本计价法计算该企业 8 月份甲产品的完工产品成本和月末在产品成本。

6. 南山工厂生产的丙产品本年 9 月份单位产品原材料消耗定额为 400 元，工时消耗定额为 45 小时。本月完工入库丙产品 2 500 件，月末在产品 1 000 件。月末在产品中，第一道工序 375 件，单位在产品原材料消耗定额为 300 元，工时消耗定额为 5 小时；第二道工序 350 件，单位在产品原材料消耗定额为 350 元，工时消耗定额为 22.5 小时；第三工序为 275 件，单位在产品原材料消耗定额为 400 元，工时消耗定额为 40 小时。丙产品月初在产品成本为 180 300 元，其中，直接材料 129 120 元，直接人工 31 980 元，制造费用 19 200 元；本月发生生产费用 1 750 500 元，其中，直接材料 1 162 080 元，直接人工 367 770 元，制造费用 220 650 元。

要求：根据资料采用定额比例法计算丙产品本月完工产品成本和月末在产品成本，并将计算结果填入产品生产成本明细账（见表 4-6）。

表 4-6　　　　　　　　　　南山工厂产品生产成本明细账

产品：丙产品　产量：　　件　　　　　　20××年 9 月　　　　　　　金额单位：元

摘　要	直接材料	直接人工	制造费用	合　计
月初在产品成本				
本月发生生产成本				
生产成本合计				
本月完工产品总定额				
月末在产品总定额				
定额合计				
分配率				
本月完工产品成本				
本月完工产品单位成本				
月末在产品成本				

练习题答案

一、单项选择题

1. A　2. A　3. B　4. B　5. B　6. C　7. A　8. D　9. C　10. A　11. A
12. C　13. C　14. D　15. C　16. D　17. B　18. C　19. A　20. C

二、多项选择题

1. AB　2. ABCD　3. ABC　4. ABC　5. ABCD　6. BD　7. ACD
8. AD　9. ABC　10. BD

三、判断题

1. ×　2. √　3. √　4. ×　5. √　6. ×　7. √　8. ×　9. ×
10. ×

四、业务综合题

1. A产品生产成本明细账如表4-7所示。

表 4-7　　　　　　　　　　A产品生产成本明细账　　　　　　　单位:元

项目	直接材料	燃料及动力	直接人工	制造费用	合计
月初成本	500				500
本月成本	15 000	800	912	1 000	32 792
成本合计	15 500	800	912	1 000	33 292
月末在产品成本	1 000				1 000
本月完工产品成本	14 500	800	912	1 000	32 292

2. (1) 原材料于每个工序一开始时投入见表4-8。

表 4-8　　　　　　　　　　　　约当产量计算表

工序	月末在产品数量(件)	投料率	约当产量(件)
1	100	70/250×100%＝28%	28
2	120	(70＋80)/250×100%＝60%	72
3	140	(70＋80＋100)/250×100%＝100%	140
合计	360		240

（2）原材料于每个工序开始以后逐步投入见表 4-9。

表 4-9　　　　　　　　　　　　约当产量计算表

工序	月末在产品数量(件)	投料率	约当产量(件)
1	100	70×50%/250×100%＝14%	14.0
2	120	(70＋80×50%)/250×100%＝44%	52.8
3	140	(70＋80＋100×50%)/250×100%＝80%	112.0
合计	360		178.8

3. 完工在产品及约当产量计算表如表 4-10 所示。

表 4-10　　　　　　　南山工厂在产品完工程度及约当产量计算表

产品:乙产品　　　　　　　　　　20××年 9 月　　　　　　　　　　计量单位:件

工序	在产品数量	直接材料项目			加工成本项目		
		投料定额	在产品投料率	在产品约当产量	工时定额(小时)	在产品完工率	在产品约当产量
一	200	700	70%	140	40	20%	40
二	200	200	90%	180	40	60%	120
三	100	100	100%	100	20	90%	90
合计	500	1 000		420	100		250

4. 产品成本计算单如表 4-11 所示。

表 4-11　　　　　　南山工厂产品成本计算单

产品:甲产品　产量:400 件　　　　20××年 9 月　　　　金额单位:元

摘　要	直接材料	直接人工	制造费用	合　计
月初在产品成本	48 000.00	20 000.00	12 000.00	80 000.00
本月生产成本	210 100.00	121 750.00	68 150.00	400 000.00
生产成本合计	258 100.00	141 750.00	80 150.00	480 000.00
本月完工产品数量	400.00	400.00	400.00	400.00
月末在产品约当量	100.00	50.00	50.00	
生产量合计	500.00	450.00	450.00	
完工产品单位成本	516.20	315.00	178.11	1 009.31
本月完工产品总成本	206 480.00	126 000.00	71 244.00	403 724.00
月末在产品成本	51 620.00	15 750.00	8 906.00	76 276.00

5. 每一工序工时定额计算表如表 4-12 所示。

表 4-12　　　　　　每道工序工时定额计算表

工　序	工时定额(小时/件)	在产品数量(件)	工时定额合计(小时)
1	30	300	$30×50\%×300=4\ 500$
2	10	100	$(30+10×50\%)×100=3\ 500$
合　计	40	400	8 000

甲产品成本计算单如表 4-13 所示。

表 4-13　　　　　　甲产品成本计算单

　　　　　　　　　　　　　　　　　　　　　　　　　　产量:1 100 件

产品名称:甲　　　　　20××年 8 月　　　　　金额单位:元

成本项目	月初在产品成本	本月生产成本	生产成本合计	月末在产品成本	完工产品成本
直接材料	40 000	247 000	287 000	$400×200=80\ 000$	207 000
燃料及动力	2 000	25 000	27 000	$8\ 000×0.5=4\ 000$	23 000

（续表）

成本项目	月初在产品成本	本月生产成本	生产成本合计	月末在产品成本	完工产品成本
直接人工	2 400	30 000	32 400	8 000×0.6＝4 800	27 600
制造费用	3 600	45 000	48 600	8 000×0.9＝7 200	41 400
合　计	48 000	347 000	395 000	96 000	299 000

6. 产品生产成本明细账如表4-14所示。

表4-14　　　　　南山工厂产品生产成本明细账

产品：丙产品　产量：2 500件　　　　　20××年9月　　　　　金额单位：元

摘　要	直接材料	直接人工	制造费用	合　计
月初在产品成本	129 120.00	31 980.00	19 200.00	180 300.00
本月发生生产成本	1 162 080.00	367 770.00	220 650.00	1 750 500.00
生产成本合计	1 291 200.00	399 750.00	239 850.00	1 930 800.00
本月完工产品总定额	1 000 000.00	112 500.00	112 500.00	
月末在产品总定额	345 000.00	20 750.00	20 750.00	
定额合计	1 345 000.00	133 250.00	133 250.00	
分配率	0.96	3.00	1.80	
本月完工产品成本	960 000.00	337 500.00	202 500.00	1 500 000.00
本月完工产品单位成本	384.00	135.00	81.00	600.00
月末在产品成本	331 200.00	62 250.00	37 350.00	430 800.00

第五章 产品成本计算方法概述

第一节 生产特点和管理要求对产品成本计算的影响

一、生产特点和管理要求对产品成本计算的影响

二、工艺过程和管理要求对产品成本计算的影响

第二节 产品成本计算的基本方法

产品成本计算的基本方法如表 5-1 所示。

表 5-1 产品成本计算的基本方法表

产品成本计算方法	生产特点	生产工艺过程和成本管理要求	成本计算期	成本计算对象	适用企业
品种法	大量大批单步骤生产或大量大批装配式多步骤生产	管理上不要求分步也不要求分批计算产品成本	每月末定期计算产品成本	产品品种	发电、采掘、化肥、面粉、食糖、水泥、砖瓦、供水等
分批法	单件小批单步骤生产或单件小批多步骤生产	管理上不要求分步但要求分批计算产品成本	完工月份计算成本，不定期	产品批别或订单、件别	船舶、重型机械、专用设备、试制新产品、服装、家具、修理作业等
分步法	大量大批连续式多步骤生产	管理上要求分步计算产品成本	每月末定期计算产品成本	各步骤的半成品和产成品	纺织、冶金、汽车、自行车、化工、钢铁、造纸等

第三节　产品成本计算的辅助方法

包括分类法、定额成本法、标准成本法和变动成本法,这些辅助方法的应用或者是为了简化成本计算工作,或者是为了加强成本管理,因此产品成本计算的辅助方法必须与产品成本计算的基本方法结合起来使用,不能单独使用。

本章练习题

一、单项选择题

1. 区分各种成本计算基本方法的主要标志是(　　)。
   - A. 成本计算对象
   - B. 成本计算日期
   - C. 间接耗费的分配方法
   - D. 完工产品与在产品之间分配耗费的方法

2. 将品种法、分批法和分步法概况为产品成本计算的基本方法,主要是因为(　　)。
   - A. 应用得最广泛
   - B. 计算方法最简单
   - C. 对成本管理最重要
   - D. 是计算产品实际成本必不可少的方法

3. 定额法为了(　　)而采用的。
   - A. 加强成本的定额管理
   - B. 简化成本计算工作
   - C. 计算产品的定额成本
   - D. 提高计算的准确性

4. 品种法适用的生产组织是(　　)。
   - A. 大量成批生产
   - B. 大量大批生产
   - C. 小批单件生产
   - D. 大量小批生产

5. 分批法适用的生产组织是(　　)。
   - A. 小批单件生产
   - B. 大量大批生产

C. 大量小批生产　　　　　　　　　D. 大量成批生产

二、多项选择题

1. 企业在确定产品成本计算方法时,必须从企业的具体情况出发,同时考虑的因素有(　　)。
   A. 企业的生产特点　　　　　　　B. 企业生产规模的大小
   C. 进行成本管理的要求　　　　　D. 月末有无在产品

2. 受生产特点和管理要求的影响,在产品成本计算工作中的成本计算对象包括(　　)。
   A. 产品品种　　　　　　　　　　B. 产品类别
   C. 产品批别　　　　　　　　　　D. 产品生产步骤

3. 产品成本计算的基本方法包括(　　)。
   A. 品种法　　　　B. 分批法　　　　C. 分类法　　　　D. 分步法

4. 产品成本计算的辅助方法包括(　　)。
   A. 分类法　　　　　　　　　　　B. 定额成本法
   C. 标准成本法　　　　　　　　　D. 系数法

5. 品种法适用于(　　)。
   A. 大量生产
   B. 小批生产
   C. 单步骤生产
   D. 管理上不要求分步骤计算成本的多步骤生产

6. 分批法适用于(　　)。
   A. 小批生产
   B. 大批生产
   C. 单件生产
   D. 管理上不要求分步骤计算成本的多步骤生产

7. 分步法适用于(　　)。
   A. 大量生产　　　　　　　　　　B. 大批生产
   C. 多步骤生产　　　　　　　　　D. 单步骤生产

8. 将品种法、分批法和分步法概括为产品成本计算的基本方法是因为这些方法（　　）。

    A. 与生产类型的特点有直接联系

    B. 涉及成本计算对象的确定

    C. 使成本计算工作简化

    D. 是计算产品实际成本必不可少的方法

9. 将分类法和定额成本法等归类为产品成本计算的辅助方法是因为这些方法（　　）。

    A. 与生产类型的特点没有直接联系

    B. 成本计算工作繁重

    C. 不涉及成本计算对象的确定

    D. 从计算产品实际成本的角度来说不是必不可少的

10. 将品种法看作成本计算基本方法中最基本的方法，是因为（　　）。

    A. 不论什么类型的企业，采用什么成本计算方法，最终都必须按照产品品种计算成本

    B. 按照产品品种计算成本，是产品成本计算的最起码的要求

    C. 计算最简化

    D. 应用最简化

三、判断题

1. 成本计算对象是区分产品成本计算各种方法的主要标志。　　（　　）

2. 单步骤生产由于工艺过程不能间断，因而只能按照产品的品种计算成本。

    （　　）

3. 在多步骤生产中，为了加强各生产步骤的成本管理，都应当按照生产步骤计算产品成本。　　（　　）

4. 在不同生产类型中，完工产品成本计算的日期也不同，这主要取决于生产组织的特点。　　（　　）

5. 在单件和小批生产中，产品成本有可能在某批产品完工后计算，因而成本计算是不定期的，而与生产周期相一致。　　（　　）

6. 产品成本的计算方法，按其对成本管理作用的大小，分为基本方法和辅助方法。　　（　　）

7. 由于按照产品品种计算成本是产品成本计算的最起码要求,因而只有品种法才是计算产品成本的基本方法。 （　　）

8. 品种法、分步法和分类法的产品成本计算的三种基本方法。 （　　）

9. 产品成本计算的辅助方法,由于它们在成本管理方面作用不大,因而从计算产品实际成本的角度来说不是必不可少的。 （　　）

10. 由于每个工业企业最终都必须按照产品品种计算出产品成本,因此,品种法是成本计算方法中最基本的方法。 （　　）

四、简答题

1. 生产特点和管理要求对成本计算的影响,主要表现在哪些方面?

2. 产品成本计算的基本方法和辅助方法各包括哪些? 基本方法和辅助方法的划分标准是什么?

3. 区分各种产品成本计算基本方法的标准是什么?

4. 区分各种产品成本计算辅助方法的标准是什么?

练习题答案

一、单项选择题

1. A 2. D 3. A 4. B 5. A

二、多项选择题

1. AC 2. ACD 3. ABD 4. ABC 5. ACD 6. ACD 7. ABC 8. ABD 9. ACD 10. AB

三、判断题

1. × 2. √ 3. × 4. √ 5. √ 6. × 7. × 8. × 9. × 10. √

四、简答题

略

第六章 产品成本计算的基本方法

第三节　产品成本计算的分步法

分步法内容框架如表 6-1 所示。

表 6-1　　　　　　　　　产品成本计算的分步法内容框架表

			按照半成品实际成本结转	
产品成本计算的分步法	逐步结转分步法	综合结转法	按照半成品计划成本结转	主要学习内容:适用范围、特点、成本计算程序、优缺点
			综合结转法成本还原	
		分项结转法	按照半成品实际成本结转	
			按照半成品计划成本结转(计算工作量较大,采用较少,本教材介绍从略)	
	平行结转分步法			

一、分步法的适用范围和特点

二、逐步结转分步法

（一）综合结转法

1. 半成品按实际成本综合结转法

2. 半成品按计划成本综合结转法

3. 综合结转法的成本还原

通常采用的成本还原方法是:按照本月所产半成品的成本结构进行还原。其具体还原方法有成本还原率还原法和项目比重还原法两种。

（二）分项结转法

（三）逐步结转分步法的优缺点和适用范围

三、平行结转分步法

本章练习题

一、单项选择题

1. 成本还原是指从（　　）生产步骤起,将其耗用上一步骤的自制半成品的综合成本,按照上一步骤完工半成品的成本结构分解还原为原来的成本项目。

   A. 最前一个
   B. 中间一个
   C. 最后一个
   D. 随意任选一个

2. 某大型发电企业,不能在技术上划分生产步骤,对此企业适合采用的成本计算方法是（　　）。

   A. 分批法
   B. 品种法
   C. 分步法
   D. 定额法

3. 下列成本计算方法中,适合汽车修理企业采用的是（　　）。

   A. 品种法
   B. 分批法
   C. 逐步结转分步法
   D. 平行结转分步法

4. 甲公司为单步骤简单生产企业,只生产一种产品A产品,月初月末在产品比较稳定,计算产品成本时可以不予考虑。6月,A产品共发生材料成本300万元,直接人工100万元,制造费用50万元,共生产A完工产品500件,则该A产品的单位成本为（　　）万元/件。

   A. 0.8
   B. 0.9
   C. 450
   D. 500

5. 在逐步结转分步法下,其完工产品与在产品之间的成本分配,是指在（　　）之间的成本分配。

   A. 广义完工产品与广义的月末在产品
   B. 狭义完工产品与狭义月末在产品
   C. 产成品与月末在产品
   D. 前面各步骤完工半成品与加工中的在产品,最后步骤的产成品与加工中的在产品

6. 甲企业7月发生如下事项:计提生产用固定资产折旧10万元,生产车间发生办公费0.5万元,水费3万元。确认本月生产工人职工薪酬12万元,车间管

理人员薪酬 2.5 万元。假定不考虑其他因素,则甲企业本月应记入"制造费用"科目的金额为( )万元。

A. 16   B. 13.5

C. 28   D. 25.5

7. 单件小批生产的企业最适合采用( )为产品成本计算方法。

A. 品种法   B. 分批法

C. 分步法   D. 分类法

8. 下列关于成本计算方法分批法的说法中,不正确的是( )。

A. 成本核算对象是产品的批别

B. 成本计算期与产品生产周期基本一致

C. 成本计算期与财务报告期基本一致

D. 在计算月末在产品成本时,一般不存在在完工产品与在产品之间分配成本的问题

9. 下列有关简化的分批法适用条件的说法中,正确的是( )。

A. 如果同一月份内投产的产品批数较多,可以采用简化的分批法来核算

B. 该方法适宜在各月间接费用水平悬殊的情况下使用

C. 该方法在月末未完工产品的批数不多的情况也可以使用

D. 该方法也适用于单步骤大量生产的企业

10. 某冶金企业,产品是大量大批多步骤生产,为了考核产品各生产步骤的成本计划的执行情况,适宜采用的成本计算方法是( )。

A. 分步法   B. 品种法

C. 分批法   D. 定额法

11. 在计算各步骤成本时,不计算各步骤所产半成品的成本,也不计算各步骤所耗上一步骤的半成品成本,只计算本步骤发生的各项其他成本,以及这些成本中应计入产成品的份额,则该种成本计算方法是( )。

A. 平行结转分步法   B. 逐步结转分步法

C. 逐步分项结转法   D. 逐步综合结转法

12. 针对每月发生的各项间接计入耗费,不是按月在各批产品之间进行分配,而是将其分别累计后,在产品完工时,按照完工产品累计生产工时的比例,在各批完工产品之间进行分配的方法是( )。

A. 平行结转分步法　　　　　　B. 逐步结转分步法

C. 简化分批法　　　　　　　　D. 品种法

13. 采用简化分批法,在各批产品完工以前,产品成本明细账(　　)。

A. 不登记任何耗费

B. 只登记间接耗费

C. 只登记原材料成本

D. 只登记直接计入的耗费和生产工时

14. 下列关于成本计算分步法的表述中,正确的是(　　)。

A. 逐步结转分步法不利于各步骤在产品的实物管理和成本管理

B. 当企业经常对外销售半成品时,应采用平行结转分步法

C. 采用逐步分项结转分步法时,无须进行成本还原

D. 采用平行结转分步法时,无须将产品生产成本在完工产品和在产品之间进行分配

15. 下列关于平行结转分步法的说法中,不正确的是(　　)。

A. 各步骤可以同时计算产品成本,平行汇总计入产成品成本,不必逐步结转半成品成本

B. 能够直接提供按原始成本项目反映的产成品成本资料

C. 不必进行成本还原,因而能够简化和加速成本计算工作

D. 能提供各个步骤的半成品成本资料

16. 采用逐步结转分步法,如果半成品完工后,要通过半成品库收发,在半成品入库时,应借记(　　)科目,贷记"基本生产成本——×××步骤"科目。

A. "库存商品"　　　　　　　　B. "在产品"

C. "制造费用"　　　　　　　　D. "自制半成品"

17. 采用平行结转分步法时,完工产品与在产品之间的成本分配,是指在(　　)之间的成本分配。

A. 广义完工产品与广义的月末在产品

B. 狭义完工产品与狭义月末在产品

C. 产成品与月末在产品

D. 前面各步骤完工半成品与加工中的在产品,最后步骤的产成品与加工中的在产品

18. 半成品成本流转与实物流转相一致,又不需要成本还原的方法是(　　)。

  A. 逐步结转分步法   B. 分项结转分步法

  C. 综合结转分步法   D. 平行结转分步法

19. 分项结转分步法的缺点是(　　)。

  A. 成本结转工作比较复杂

  B. 需要进行成本还原

  C. 不能提供原始项目的成本资料

  D. 不便于加强各生产步骤的成本管理

20. 采用平行结转分步法,不论半成品是在各生产步骤之间直接结转还是通过半成品库收发,都(　　)。

  A. 不通过自制半成品科目进行总分类核算

  B. 通过自制半成品科目进行总分类核算

  C. 不通过库存商品科目进行总分类核算

  D. 通过库存商品科目进行总分类核算

二、多项选择题

1. 下列各项中,属于确定产品成本计算方法时主要考虑的因素有(　　)。

  A. 成本计算对象

  B. 成本计算期

  C. 生产成本在完工产品和在产品之间的分配

  D. 企业规模

2. 工业企业的生产类型有(　　)。

  A. 大量大批单步骤生产

  B. 大量大批连续式多步骤生产

  C. 大量大批平行式加工多步骤生产

  D. 单件小批平行式加工多步骤生产

3. 品种法计算产品成本的特点有(　　)。

  A. 以产品品种作为成本核算对象

  B. 生产成本不需要在完工产品和在产品之间分配

  C. 成本计算期与产品的生产周期基本一致

  D. 如果仅生产一种产品,全部成本都是直接成本

4. 下列关于成本计算方法品种法的说法中,正确的有( )。

  A. 品种法分为单一品种生产下的品种法和多品种生产下的品种法

  B. 企业生产的产品是单一品种,可直接根据有关原始凭证及耗费汇总表登记生产成本明细账,编制产品成本计算单即可计算该产品的总成本和单位成本

  C. 企业同时生产两种或两种以上的产品,应按照品种法成本核算的一般程序设置生产成本明细账,将直接耗费直接记入该产品生产成本明细账中,将间接耗费按照恰当的分配方法编制各种耗费分配表分配各种要素耗费

  D. 企业同时生产两种或两种以上的产品,可直接根据有关原始凭证及耗费汇总表登记生产成本明细账,编制产品成本计算单即可计算该产品的总成本和单位成本

5. 分批法下计算产品成本,以下月末在产品与完工产品之间的成本分配的说法中,正确的有( )。

  A. 如果是单件生产,不存在完工产品与在产品之间成本分配问题

  B. 如果是小批生产,一般不存在完工产品与在产品之间的成本分配问题

  C. 如果批内产品跨月陆续完工,需要在完工产品和在产品之间分配成本

  D. 成本计算期与产品生产周期是一致的,不存在完工产品和在产品之间分配成本的问题

6. 在小批单件生产的企业中,在同一月份内投产的产品批数多达上百批,此时可以采用简化分批法,简化分批法的特点有( )。

  A. 每月发生的各项间接计入耗费,不是按月在各批产品之间分配

  B. 产品完工时,按照完工产品累计生产工时的比例在各批完工产品之间进行分配

  C. 该方法适用于各月间接耗费水平相差悬殊的情况

  D. 必须设立基本生产成本二级明细账,按成本项目登记全部产品的月初在产品成本、本月生产成本、累计生产成本、月初在产品生产工时、本月生产工时和累计生产工时

7. 分批法计算成本的主要特点有( )。

  A. 成本核算对象是产品的批别

  B. 产品成本的计算是与生产任务通知单的签发和结束紧密配合的,因此产品

成本计算是不定期的。

　　C. 成本计算期与产品生产周期基本一致,但与会计报告期不一致

　　D. 在计算月末在产品成本时,一般不存在在完工产品与在产品之间分配成本的问题

8. 以下各项中属于平行结转分步法的优点的有(　　　)。

　　A. 能够提供各个步骤半成品成本资料

　　B. 各步骤可以同时计算产品成本,平行汇总计入产成品成本,不必逐步结转半成品成本

　　C. 不必进行成本还原,能够简化和加速成本计算工作

　　D. 生产成本不需要在完工产品与月末在产品之间进行分配

9. 下列有关逐步结转分步法的缺点的说法中,不正确的有(　　　)。

　　A. 无法全面反映各生产步骤的生产耗费水平

　　B. 如果采用分项结转分步法,需要进行成本还原,增加了核算的工作量

　　C. 可以为各生产步骤的在产品实物管理及资金管理提供资料

　　D. 能够提供各个生产步骤的半成品成本资料

10. 广义的在产品包括(　　　)。

　　A. 尚在本步骤加工中的在产品

　　B. 企业最后一个步骤的完工产品

　　C. 各步骤已完工但尚未最终完成的产品

　　D. 尚未完成最后步骤的产品

三、判断题

1. 生产类型不同、管理要求不同,对产品成本计算的影响也不同,这一不同主要体现在产品成本核算对象的确定上。　　　　　　　　　　　　　　(　　)

2. 采用逐步结转分步法计算成本时,各步骤的费用由两部分组成,一部分是本步骤发生的费用,另一部分是上一步骤转入的半成品成本。　　　　　(　　)

3. 大量大批生产的产品适合采用分批法核算产品成本。　　　　　　(　　)

4. 品种法适用于多步骤大量生产的企业,如发电、供水、采掘等企业。(　　)

5. 品种法下一般定期核算产品成本。　　　　　　　　　　　　　　(　　)

6. 在采用品种法核算产品成本时,月末一般不存在在产品,所以一般不需要将生

产成本在完工产品与在产品之间进行分配；如果企业月末有在产品，要将生产成本在完工产品和在产品之间进行分配。　　　　　　　　　　（　　）

7. 甲公司是大型纺织企业，一直采用分批法计算产品成本。　　　（　　）

8. 采用简化分批法，在各批产品完工前，账内只按月登记直接计入的耗费（如直接材料）和生产工时，只有在有完工产品的月份，才对完工产品，按照其累计工时比例分配间接计入的耗费，计算、登记各该批完工产品成本。　　（　　）

9. 简化分批法适用于各月间接耗费水平相差悬殊的企业。　　　（　　）

10. 分步法计算产品成本时，其成本计算期是不固定的，与产品生产周期一致。

　　　　　　　　　　　　　　　　　　　　　　　　　　　　（　　）

11. 分批法下，如果是单件生产，在月末计算成本时，一般不存在完工产品与在产品之间分配成本的问题。　　　　　　　　　　　　　　　（　　）

12. 简化分批法是指针对每月发生的各项间接计入耗费，不是按月在各批产品之间进行分配，而是将其分别累计后，在产品完工时，按照完工产品累计生产工时的比例，在各批完工产品之间进行分配。　　　　　　　　　（　　）

13. 逐步结转分步法不必计算各步骤的半成品成本。　　　　　　（　　）

14. 产品生产成本在完工产品和在产品之间的分配采用平行结转分步法，每一步骤的生产成本要在其最终完成的产成品和各步骤尚未加工完成的在产品与各步骤已完工但尚未最终完成的产品之间进行分配。　　　　　（　　）

15. 甲公司是大型纺织企业，其纺织厂的纺纱和织布车间，采用分步法计算半成品纱和产成品布的成本，但厂内供电供汽等辅助生产车间采用品种法计算成本。　　　　　　　　　　　　　　　　　　　　　　　（　　）

四、业务综合题

1. 某公司大量大批生产甲、乙两种产品，根据生产特点和管理要求，该公司采用品种法计算成本。各产品所耗材料均在开工时一次投入，直接人工耗费及制造费用随加工程度均匀发生，月末在产品成本按定额成本计算。不可修复乙产品的废品损失全部由本月完工乙产品成本负担。10月份有关资料如表6-2、表6-3、表6-4所示。

（1）产量记录。

表 6-2 产量情况表

项 目	甲产品	乙产品
本月完工产品数量	2 000(件)	1 000(件)
月末在产品数量	500(件)	200(件)
月末在产品消耗工时合计	3 000(工时)	1 000(工时)

（2）单位完工产品定额成本资料。

表 6-3 单位完工产品定额情况表

项 目	直接材料单件定额成本(元)	单位工时人工费用定额(元)	单位工时制造费用定额(元)
甲产品	10	8	2
乙产品	20	10	2

（3）有关废品损失资料。

表 6-4 废品损失情况表

项目	直接材料(元)	直接人工(元)	制造费用(元)	责任人赔款(元)
乙产品(不可修复)	1 000	1 400	800	200

（4）月初在产品成本及本月生产成本见表 6-5、表 6-6 甲乙产品成本明细账资料。

要求：登记甲、乙两种产品的成本明细账，计算各产品成本，编制废品损失和完工产品入库的会计分录。

表 6-5 甲产品成本明细账 单位：元

摘要	直接材料	直接人工	制造费用	合计
月初在产品成本	6 000	32 000	8 000	
本月生产成本	14 000	12 000	3 000	
生产成本合计				
月末在产品定额成本				
完工产品成本				
完工产品单位成本				

表 6-6 　　　　　　　　　　乙产品成本明细账　　　　　　　　单位:元

摘要	直接材料	直接人工	制造费用	废品损失	合计
本月生产成本	25 000	18 400	6 600	—	
转出不可修复废品成本					
转入废品净损失					
本月生产成本合计					
月末在产品定额成本				—	
完工产品成本					
完工产品单位成本					

2. 某企业采用简化的分批法(累计间接耗费分配法)计算成本。该企业 6 月份各批产品的资料如下:三批产品累计耗用工时及累计耗费资料见基本生产成本二级账和各批产品成本明细账。甲产品 4 月份投产 10 件,本月全部完工。乙产品 5 月份投产 8 件,本月完工 5 件,尚未完工 3 件产品的期末原材料定额成本 1 000 元,定额工时 600 小时。丙产品本月投产 20 件,全部未完工。

要求:登记基本生产成本二级账和各批产品成本明细账,计算各批完工产品成本。见表 6-7、表 6-8、表 6-9、表 6-10。

表 6-7 　　　　　　　　　　基本生产成本二级账

　　　　　　　　　　　　　　（全部产品总成本）　　　　　　　金额单位:元

月	日	摘要	直接材料	生产工时（小时）	直接人工	制造费用	合计
		生产成本及工时累计数	36 000	5 000	15 000	10 000	61 000
6	30	全部产品累计间接计入费耗费分配率					
6	30	本月完工产品成本转出					
6	30	月末在产品					

表 6-8　　　　　　　　　　　　　产品成本明细账

批号:＃408　　　　　　　　　　　　　　　　开工日期:20××年4月

产品名称:甲产品　产量:10件　　　　完工日期:20××年6月全部完工　　　金额单位:元

月	日	摘要	直接材料	生产工时（小时）	直接人工	制造费用	合计
		4月份5月份记录略	—	—			
6	30	直接耗费及工时累计数	21 000	800			
6	30	间接计入耗费分配率					
6	30	本月完工转出成本及工时					
6	30	完工产品单位成本					

表 6-9　　　　　　　　　　　　　产品成本明细账

批号:＃409　　　　　　　　　　　　　　　　开工日期:20××年5月

产品名称:乙产品　产量:8件　　　　完工日期:20××年6月完工5件　　　金额单位:元

月	日	摘要	直接材料	生产工时（小时）	直接人工	制造费用	合计
		5月份记录略	—	—	—	—	—
6	30	直接耗费及工时累计数	12 000	3 800			
6	30	间接计入耗费分配率					
6	30	本月完工转出成本及工时					
6	30	完工产品单位成本					
6	30	月末在产品					

表 6-10　　　　　　　　　　　　　产品成本明细账

　　　　　　　　　　　　　　　　　　　开工日期:20××年6月

批号:＃501　　　　　　　　　　　　　　　　完工日期:

产品名称:丙产品　产量:20件　　　　　　　　　　　金额单位:元

月	日	摘要	直接材料	生产工时（小时）	直接人工	制造费用	合计
6	30	本月发生	3 000	400			

　　3. 某企业丙产品生产分两个步骤,分别由两个车间进行,第一步骤完工的半成品全部为第二步骤领用,不通过半成品库收发,本月生产产品成本明细账如表 6-11、表 6-12、表 6-13 所示。

表 6-11　　　　　　　　　　产品成本明细账

第一车间:丙半成品　　　　　　　　　　　　　　　　　　　　　　单位:元

项目	直接材料	直接人工	制造费用	合计
月初在产品成本	8 000	2 400	5 600	
本月成本	20 000	3 600	12 400	
生产成本合计				
完工产品成本				
月末在产品成本	12 000	2 000	8 000	

表 6-12　　　　　　　　　　产品成本明细账

第二车间:丙产成品　　　　　　　　　　　　　　　　　　　　　　单位:元

项目	半成品	直接人工	制造费用	合计
月初在产品成本	6 000	3 000	1 000	
本月成本		16 000	6 000	
生产成本合计				
完工产品成本				
月末在产品成本	9 000	3 200	1 200	

表 6-13　　　　　　　　　　成本还原计算表

单位:元

项目	还原分配率	半成品	直接材料	直接人工	制造费用	成本合计
还原前产成品成本						
本月所产半成品成本						
成本还原						
还原后产成品成本						

　　要求:采用综合结转分步法计算丙产品第一、二步骤完工产品成本,并进行成本还原。

　　4. 某工业企业大量生产甲产成品。生产分为两个步骤,分别由两个车间进行。第一车间生产甲半成品 1 000 件,交半成品库验收;第二车间将甲半成品加工成为甲产成品。第二车间所耗半成品成本按全月一次加权平均单位成本计算。该厂为加强成本管理,采用逐步结转分步法计算产品成本,有关产量和成本资料如表

6-14、表 6-15、表 6-16 所示。

　　要求:根据所提供的资料,登记产品成本明细账和自制半成品明细账,按实际成本综合结转半成品成本,计算产成品成本。

　　表 6-14　　　　　　　　　　　　产品成本明细账

产量:1 000 件

第一车间:甲半成品　　　　　　　　20××年 4 月　　　　　　　　金额单位:元

项目	直接材料	直接人工	制造费用	合计
月初在产品成本(定额成本)	3 800	2 200	4 600	
本月生产成本	12 600	6 000	12 200	
成本合计				
转出完工产品成本				
月末在产品成本(定额成本)	5 600	2 600	13 400	

　　表 6-15　　　　　　　　　自制半成品明细账(甲半成品)

计量单位:件

金额单位:元

月份	月初余额		本月增加		合计			本月减少	
	数量	实际成本	数量	实际成本	数量	实际成本	单位成本	数量	实际成本
4	800	20 700						1 400	
5	400								

　　表 6-16　　　　　　　　　　　　产品成本明细账

产量:700 件

第二车间:甲产成品　　　　　　　　20××年 4 月　　　　　　　　金额单位:元

项目	直接材料	直接人工	制造费用	合计
月初在产品成本(定额成本)	12 000	2 400	5 000	
本月生产成本		7 400	17 700	
成本合计				
完工产品成本				
月末在产品成本(定额成本)	5 200	1 000	2 800	

5. 某企业甲产品经过三个车间连续加工制成,半成品不经过半成品库收发。一车间生产 A 半成品,直接转入二车间加工制成 B 半成品,B 半成品直接转入三车间加工成甲产品。原材料于生产开始时一次投入,各车间月末在产品完工率分别为 60%、50% 和 40%。各车间生产成本在完工产品和在产品之间的分配采用约当产量法。该企业某年 3 月份有关资料如表 6-17、表 6-18 所示。

表 6-17　　　　　　　　　各车间产量资料表

单位:件

项目	计量单位	第一车间	第二车间	第三车间
月初在产品数量	件	60	160	140
本月投产数量或上步转入	件	1 040	980	1 020
本月完工产品数量	件	980	1 020	1 060
月末在产品数量	件	120	120	100

表 6-18　　　　　　　各车间月初、本月生产成本资料表

单位:元

项目		直接材料	直接人工	制造费用	合计
第一车间	月初在产品成本	11 160	1 440	1 700	14 300
	本月生产成本	148 340	23 808	24 600	196 748
第二车间	月初在产品成本	15 080	7 400	9 760	32 240
	本月生产成本	—	46 600	85 280	131 880
第三车间	月初在产品成本	12 040	5 600	7 000	24 640
	本月生产成本	—	24 100	24 900	49 000

要求:根据上述资料采用逐步结转法的分项结转法计算各步骤半成品或完工产品成本(见表 6-19 至表 6-21),并编制成本结转和完工入库的会计分录。(单位成本:保留小数点后 4 位)

表 6-19　　　　　　　　　基本生产成本明细账

第一车间　　　　　　　　　　　　　　　　　　　　　　　　　　单位:元

项目	直接材料	直接人工	制造费用	合计
月初在产品成本				
本月生产成本				
生产成本合计				

（续表）

项目	直接材料	直接人工	制造费用	合计
约当产量				
单位成本				
完工半成品成本				
月末在产品成本				

表 6-20　　　　　　　　　　　基本生产成本明细账

第二车间　　　　　　　　　　　　　　　　　　　　　　　单位:元

项目	直接材料	直接人工	制造费用	合计
月初在产品成本				
本月生产成本				
上一步骤转入				
生产成本合计				
约当产量				
单位成本				
完工半成品成本				
月末在产品成本				

表 6-21　　　　　　　　　　　基本生产成本明细账

第三车间　　　　　　　　　　　　　　　　　　　　　　　单位:元

项目	直接材料	直接人工	制造费用	合计
月初在产品成本				
本月生产成本				
上一步骤转入				
生产成本合计				
约当产量				
单位成本				
完工产品成本				
月末在产品成本				

6. 某工业企业生产甲产品,经过两个步骤连续加工制成,所用原材料在生产开始时一次投入,各步骤计入产成品成本的成本采用约当产量比例法计算,有关产量、成本资料见表 6-22 及表 6-23、表 6-24 产品成本明细账。

要求:采用平行结转分步法计算甲产品成本,完成产品成本明细账和产品成本汇总表(见表6-25)的编制。

表 6-22 产量资料表

单位:件

	月初在产品	本月投入	本月完工	月末在产品	完工程度
第一步骤	80	130	150	60	40%
第二步骤	70	150	180	40	60%

表 6-23 产品成本明细账

完工产品: 件 在产品: 件

第一生产步骤 单位:元

项目	直接材料	直接人工	制造费用	合计
月初在产品成本	10 500	1 355	1 602	
本月生产成本	31 500	4 013	5 230	
成本合计				
约当产量				
单位成本				
产成品成本中本步骤"份额"				
月末在产品成本				

表 6-24 产品成本明细账

完工产品: 件 在产品: 件

第二生产步骤 单位:元

项目	直接材料	直接人工	制造费用	合计
月初在产品成本		1 250	2 430	
本月生产成本		3 850	4 506	
成本合计				
约当产量				
单位成本				
产成品成本中本步骤"份额"				
月末在产品成本				

表 6-25 产品成本汇总表

甲产品 完工产品： 件

项目	直接材料	直接人工	制造费用	合计
第一步骤成本"份额"				
第二步骤成本"份额"				
总成本				
单位成本				

练习题答案

一、单项选择题

1. C 2. B 3. B 4. B 5. B 6. A 7. B 8. C
9. A 10. A 11. A 12. C 13. D 14. C 15. D
16. D 17. A 18. B 19. A 20. A

二、多项选择题

1. ABC 2. ABCD 3. AD 4. ABC 5. ABC
6. ABD 7. ABCD 8. BC 9. AB 10. ACD

三、判断题

1. √ 2. × 3. × 4. × 5. √
6. √ 7. × 8. √ 9. × 10. ×
11. √ 12. √ 13. × 14. √ 15. √

四、业务综合题

1. 产品成本明细账见表 6-26、表 6-27。

表 6-26　　　　　　　　　　　甲产品成本明细账

单位:元

摘要	直接材料	直接人工	制造费用	合计
月初在产品成本	6 000	32 000	8 000	46 000
本月生产成本	14 000	12 000	3 000	29 000
生产成本合计	20 000	44 000	11 000	75 000
月末在产品定额成本	5 000①	12 000②	3 000③	20 000
完工产品成本	15 000	32 000	8 000	55 000
完工产品单位成本	7.5	16	4	27.5

① 500×10＝5 000　②3 000×50%×8＝12 000　③3 000×50%×2＝3 000

完工产品入库:

借:库存商品——甲产品　　　　　　　　　　　　　　　　　55 000

　　贷:基本生产成本——甲产品　　　　　　　　　　　　　　55 000

表 6-27　　　　　　　　　　　乙产品成本明细账

单位:元

摘要	直接材料	直接人工	制造费用	废品损失	合计
本月生产成本	25 000	18 400	6 600	—	50 000
转出不可修复废品成本					
转入废品净损失				2 000	2 000
本月生产成本合计	25 000	18 400	6 600	2 000	52 000
月末在产品定额成本	4 000①	5 000②	1 000③	—	10 000
完工产品成本	21 000	13 400	5 600	2 000	42 000
完工产品单位成本	21	13.4	5.6	2	42

转出废品:

借:废品损失——乙产品　　　　　　　　　　　　　　　　　2 200

　　贷:基本生产成本——乙产品(直接材料)　　　　　　　　1 000

　　　　　　——乙产品(直接人工)　　　　　　　　　　　　1 400

　　　　　　——乙产品(制造费用)　　　　　　　　　　　　　800

责任人赔款:

借：其他应收款——××　　　　　　　　　　　　　　　　　　　200

　　贷：废品损失——乙产品　　　　　　　　　　　　　　　　　　　200

转入生产成本：

借：基本生产成本——乙产品（直接材料）　　　　　　　　　　　　2 000

　　贷：废品损失——乙产品　　　　　　　　　　　　　　　　　　2 000

表中：

① 11 200×20＝4 000

② 1 000×50％×10＝5 000

③ 1 000×50％×2＝1 000

完工产品入库：

借：库存商品——乙产品　　　　　　　　　　　　　　　　　　　42 000

　　贷：基本生产成本——乙产品　　　　　　　　　　　　　　　　42 000

2. 相关账户见表 6-28 至表 6-31。

表 6-28　　　　　　　　　　　　基本生产成本二级账

（全部产品总成本）　　　　　　　　　　　　　金额单位：元

月	日	摘要	直接材料	生产工时（小时）	直接人工	制造费用	合计
		生产耗费及工时累计数	36 000	5 000	15 000	10 000	61 000
6	30	全部产品累计间接计入耗费分配率			3	2	
6	30	本月完工产品成本转出	32 000	4 000	12 000	8 000	52 000
6	30	月末在产品	4 000	1 000	3 000	2 000	9 000

表 6-29　　　　　　　　　　　　产品成本明细账

批号：＃408　　　　　　　　　　　　　　　开工日期：20××年 4 月

产品名称：甲产品　产量：10 件　　　完工日期：20××年 6 月全部完工　　金额单位：元

月	日	摘要	直接材料	生产工时（小时）	直接人工	制造费用	合计
		4 月份 5 月份记录略	—	—	—	—	—
6	30	直接耗费及工时累计数	21 000	800	2 400	1 600	25 000
6	30	间接计入耗费分配率			3	2	
6	30	本月完工转出成本及工时	21 000	800	2 400	1 600	25 000
6	30	完工产品单位成本	2 100	80	240	160	2 500

表 6-30 产品成本明细账

批号:#409 开工日期:20××年5月

产品名称:乙产品 产量:8件 完工日期:20××年6月完工5件 金额单位:元

月	日	摘要	直接材料	生产工时(小时)	直接人工	制造费用	合计
		5月份记录略	—	—	—	—	—
6	30	直接耗费及工时累计数	12 000	3 800	11 400	7 600	31 000
6	30	间接计入耗费分配率			3	2	
6	30	本月完工转出成本及工时	11 000	3 200	9 600	6 400	27 000
6	30	完工产品单位成本	2 200	640	1 920	1 280	5 400
6	30	月末在产品	1 000	600			

表 6-31 产品成本明细账

批号:#501 开工日期:20××年6月

产品名称:丙产品 产量:20件 完工日期: 金额单位:元

月	日	摘要	直接材料	生产工时(小时)	直接人工	制造费用	合计
6	30	本月发生	3 000	400			

3. 各产品成本明细账见表6-32至表6-34。

表 6-32 产品成本明细账

第一车间:丙半成品 单位:元

项目	直接材料	直接人工	制造费用	合计
月初在产品成本	8 000	2 400	5 600	16 000
本月成本	20 000	3 600	12 400	36 000
生产成本合计	28 000	6 000	18 000	52 000
完工半产品成本	16 000	4 000	10 000	30 000
月末在产品成本	12 000	2 000	8 000	22 000

表 6-33　　　　　　　　　　产品成本明细账

第二车间:丙产成品　　　　　　　　　　　　　　　　　　　　　　单位:元

项目	半成品	直接人工	制造费用	合计
月初在产品成本	6 000	3 000	1 000	10 000
本月成本	30 000	16 000	6 000	52 000
生产成本合计	36 000	19 000	7 000	62 000
完工产品成本	27 000	15 800	5 800	48 600
月末在产品成本	9 000	3 200	1 200	13 400

表 6-34　　　　　　　　　　成本还原计算表

金额单位:元

项目	还原分配率	半成品	直接材料	直接人工	制造费用	成本合计
还原前产成品成本		27 000		15 800	5 800	48 600
本月所产半成品成本	0.9		16 000	4 000	10 000	30 000
成本还原			14 400	3 600	9 000	
还原后产成品成本			14 400	19 400	14 800	48 600

4. 各账户见表 6-35 至表 6-37。

表 6-35　　　　　　　　　　产品成本明细账

产量:1 000 件

第一车间:甲半成品　　　　　　20××年4月　　　　　　　　　　单位:元

项目	直接材料	直接人工	制造费用	合计
月初在产品成本(定额成本)	3 800	2 200	4 600	10 600
本月生产成本	12 600	6 000	12 200	30 800
成本合计	16 400	8 200	16 800	41 400
完工转出半成品成本	10 800	5 600	3 400	19 800
月末在产品成本(定额成本)	5 600	2 600	13 400	21 600

表6-36　　　　　　　　自制半成品明细账(甲半成品)

月份	月初余额		本月增加		合计			本月减少	
	数量	实际成本	数量	实际成本	数量	实际成本	单位成本	数量	实际成本
4	800	20 700	1 000	19 800	1 800	40 500	22.5	1 400	31 500
5	400	9 000							

表6-37　　　　　　　　产品成本明细账

第二车间:甲产成品　　　　　　　20××年4月　　　　　　　产量:700件

项目	直接材料	直接人工	制造费用	合计
月初在产品成本(定额成本)	12 000	2 400	5 000	19 400
本月生产成本	31 500	7 400	17 700	56 600
成本合计	43 500	9 800	22 700	76 000
产成品成本	38 300	8 800	19 900	67 000
月末在产品成本(定额成本)	5 200	1 000	2 800	9 000

5. 基本生产成本明细账见表6-38至表6-40所示。

表6-38　　　　　　　　基本生产成本明细账

第一车间　　　　　　　　　　　　　　　　　　　　　　单位:元

项目	直接材料	直接人工	制造费用	合计
月初在产品成本	11 160	1 440	1 700	14 300
本月生产成本	148 340	23 808	24 600	196 748
生产成本合计	159 500	25 248	26 300	211 048
约当产量	1 100	1 052	1 052	—
单位成本	145	24	25	194
完工半成品成本	142 100	23 520	24 500	190 120
月末在产品成本	17 400	1 728	1 800	20 928

借：基本生产成本——第二车间（直接材料）　　　　　　　142 100

　　　　　　　　——第二车间（直接人工）　　　　　　　23 520

　　　　　　　　——第二车间（制造费用）　　　　　　　24 500

　　贷：基本生产成本——第一车间（直接材料）　　　　　142 100

　　　　　　　　——第一车间（直接人工）　　　　　　　23 520

　　　　　　　　——第一车间（制造费用）　　　　　　　24 500

表 6-39　　　　　　　　　　　　　基本生产成本明细账

第二车间　　　　　　　　　　　　　　　　　　　　　　　单位:元

项目	直接材料	直接人工	制造费用	合计
月初在产品成本	15 080.00	7 400.00	9 760.00	32 240.00
本月生产成本	—	46 600.00	85 280.00	131 880.00
上一步骤转入	142 100.00	23 520.00	24 500.00	190 120.00
生产成本合计	157 180.00	77 520.00	119 540.00	354 240.00
约当产量	1 140.00	1 080.00	1 080.00	—
单位成本	137.877 2	71.777 8	110.685 2	320.340 2
完工半成品成本	140 634.74	73 213.36	112 898.90	326 747.00
月末在产品成本	16 545.26	4 306.64	6 641.10	27 493.00

借：基本生产成本——第三车间（直接材料）　　　　　　　140 634.74

　　　　　　　　——第三车间（直接人工）　　　　　　　73 213.36

　　　　　　　　——第三车间（制造费用）　　　　　　　112 898.90

　　贷：基本生产成本——第二车间（直接材料）　　　　　140 634.74

　　　　　　　　——第二车间（直接人工）　　　　　　　73 213.36

　　　　　　　　——第二车间（制造费用）　　　　　　　112 898.90

表 6-40　　　　　　　　　　　　　基本生产成本明细账

第三车间　　　　　　　　　　　　　　　　　　　　　　　单位:元

项目	直接材料	直接人工	制造费用	合计
月初在产品成本	12 040.00	5 600.00	7 000.00	24 640.00
本月生产成本	—	24 100.00	24 900.00	49 000.00

（续表）

项目	直接材料	直接人工	制造费用	合计
上一步骤转入	140 634.74	73 213.36	112 898.90	326 747.00
生产成本合计	152 674.74	102 913.36	144 798.90	400 387.00
约当产量	1 160.00	1 100.00	1 100.00	—
单位成本	131.616 2	93.557 6	131.635 4	356.809 2
完工产品成本	139 513.17	99 171.06	139 533.52	378 217.75
月末在产品成本	13 161.57	3 742.30	5 265.38	22 169.25

借：库存商品——甲产品   378 217.75
 贷：基本生产成本——第三车间（直接材料） 139 513.17
      ——第三车间（直接人工） 99 171.06
      ——第三车间（制造费用） 139 533.52

6. 产品成本明细账及汇总表见表 6-41 至表 6-43。

表 6-41   产品成本明细账

在产品：100 件

第一生产步骤   完工：180 件   金额单位：元

项目	直接材料	直接人工	制造费用	合计
月初在产品成本	10 500	1 355	1 602	13 457
本月生产成本	31 500	4 013	5 230	40 743
成本合计	42 000	5 368	6 832	54 200
约当产量	$180+40+60$ $=280$	$180+40+60$ $\times40\%=244$	244	—
单位成本	150	22	28	200
产成品成本中本步骤"份额"	27 000	3 960	5 040	36 000
月末在产品成本	15 000	1 408	1 792	18 200

表 6-42   产品成本明细账

在产品:40 件

第二生产步骤   完工:180 件   金额单位:元

项目	直接材料	直接人工	制造费用	合计
月初在产品成本		1 250	2 430	3 680
本月生产成本		3 850	4 506	8 356
成本合计		5 100	6 936	12 036
约当产量		180＋40×60% ＝204	204	—
单位成本		25	34	59
产成品成本中本步骤"份额"		4 500	6 120	10 620
月末在产品成本		600	816	1 416

表 6-43   产品成本汇总表

完工产品:180 件

甲产品   金额单位:元

项目	直接材料	直接人工	制造费用	合计
第一步骤成本"份额"	27 000	3 960	5 040	36 000
第二步骤成本"份额"		4 500	6 120	10 620
总成本	27 000	8 460	11 160	46 620
单位成本	150	47	62	259

第七章　产品成本计算的辅助方法

学习要点

第一节　产品成本计算的分类法

一、分类法的特点

二、分类法的计算程序举例

三、分类法的适用范围、优缺点和应用条件

第二节　联产品、副产品、等级品的成本计算

一、联产品成本的计算

二、副产品成本的计算

三、等级产品的成本计算

第三节　产品成本计算的定额法

一、定额法概述

二、定额法的计算程序

三、定额法应用举例

四、定额法的优缺点、适用范围和应用条件

第四节 各种成本计算方法的实际应用

一、几种成本计算方法的同时应用

二、几种成本计算方法的结合应用

本章练习题

一、单项选择题

1. 成本计算的分类法的特点是( )

   A. 按产品类别计算产品成本

   B. 按产品品种计算产品成本

   C. 按产品类别计算各类产品成本,同类产品内各种产品的间接计入费用采用一定方法分配确定

   D. 按产品类别计算各类产品成本,同类产品内各种产品的成本采用一定的方法分配确定。

2. 产品成本计算的分类法适用于( )。

   A. 品种、规格繁多的产品

   B. 可按一定标准分类的产品

   C. 大量大批生产的产品

   D. 品种、规格繁多并可按一定标准分类的产品

3. 分类法下,在计算同类产品内不同产品的成本时,对于类内产品发生的各项耗费( )。

   A. 只有直接耗费才需直接计入各种产品成本

   B. 只有间接计入耗费才需分配计入各种产品成本

C. 无论直接计入耗费,还是间接计入耗费,都需采用一定的方法分配计入各种产品成本

D. 直接生产耗费直接计入各种产品,间接生产耗费分配计入各种产品成本

4. 对于分类法下某类别产品的总成本在类内各种产品之间的分配方法,是根据(　　)确定的。

A. 产品的生产特点

B. 企业管理要求

C. 成本计算对象

D. 成本计算方法

5. (　　)是系数分配法下的分配标准。

A. 总系数或标准产量

B. 产品市场售价

C. 产品定额成本

D. 产品的面积

6. 联产品在分离前计算出的总成本称为(　　)。

A. 直接成本

B. 间接成本

C. 联合成本

D. 分项成本

7. 分类法的成本计算对象是(　　)。

A. 产品品种

B. 产品类别

C. 产品规格

D. 产品加工步骤

8. 适合采用分类法计算产品成本的下列企业是(　　)。

A. 制鞋厂

B. 小型水泥厂

C. 造纸厂

D. 精密仪器生产企业

9. 在计算类内各种产品成本时,分配标准应选择与产品成本高低有着直接联系的项目,通常采用的分配标准是(　　)。

A. 定额成本

B. 约当产量

C. 标准产量

D. 固定成本

10. 关于联产品,下列说法中正确的是(　　)。

A. 联产品中各种产品的成本应该相等

B. 可以按联产品中的每种产品归集和分配生产耗费

  C. 联产品的成本应该包括其所应负担的联合成本

  D. 联产品的成本应该包括其所应负担的联合成本和分离后的继续加工成本

11. 联产品分离前的联合成本的计算，可采用分类法的原理进行。联合成本在各种联产品之间分配的常用方法是（　　）。

  A. 实际产量分配法

  B. 约当产量分配法

  C. 标准产量分配法

  D. 计划产量分配法

12. 副产品的计价可以根据不同情况分别采用不同方法，常见的方法是（　　）。

  A. 按上期成本计价

  B. 按固定成本计价

  C. 按定额成本计价

  D. 按实际成本计价

13. 副产品成本从联合成本中扣除的方法可以是（　　）。

  A. 从"直接材料"成本项目中扣除

  B. 从"直接人工"成本项目中扣除

  C. 从"制造费用"成本项目中扣除

  D. 由企业自行决定

14. 由于材料质量、工艺过程本身等特点造成的等级品，可按分类法计算类产品的联合成本，在各种等级品之间分配联合成本时可采用的方法是（　　）。

  A. 约当产量比例法

  B. 实际产量比例法

  C. 计划产量比例法

  D. 标准产量比例法

15. 采用分类法按系数分配计算类内各种产品成本时，对于系数的确定方法是（　　）。

  A. 选择产量大的产品作为标准产品，将其分配标准数确定为1

  B. 选择产量大、生产稳定的产品作为标准产品，将其分配标准数确定为1

  C. 选择产量大、生产稳定或规格折中的产品作为标准产品，将其分配标准数定为1

  D. 自行选择一种产品作为标准产品,将其分配标准数定为1

二、多项选择题

1. 采用分类法计算产品成本时应注意以下问题( )。

  A. 类内产品品种不能过多

  B. 类内产品品种不能太少

  C. 分配标准可由企业自由选择

  D. 分配标准应有所选择

  E. 类距要适当

2. 分类法的成本计算程序是( )。

  A. 在同类产品中选择产量大、生产稳定或规格折中的产品作为标准产品

  B. 把标准产品的分配标准系数确定为1

  C. 以其他产品的单位分配标准数据与标准产品相比,求出其他产品的系数

  D. 用各种产品的实际产量乘上系数,计算出总系数

  E. 再按各种产品总系数比例分配计算类内各种产品成本

3. 分类法下对于类内产品成本的计算,一般可以采用以下方法( )。

  A. 系数法

  B. 按定额成本计价法

  C. 按定额比例法计算

  D. 分批法

  E. 约当产量法

4. 在分类法下,将每类产品总成本在类内各种产品之间进行分配时所选择的分配标准通常可以是( )。

  A. 定额消耗量   B. 计划成本

  C. 产品售价   D. 定额成本

  E. 产品的重量或体积

5. 分类法主要适用于产品品种较多的企业或车间,可以采用分类法计算产品成本的下列企业是( )。

  A. 食品厂   B. 针织厂

  C. 制鞋厂   D. 无线电元件厂

E. 化工厂

6. 联产品的生产特点是(   )。

   A. 经过同一个生产过程进行生产

   B. 利用同一种原材料加工生产

   C. 都是企业的主要产品

   D. 有的是主要产品,有的是非主要产品

   E. 生产成本相同

7. 副产品是指企业在生产主要产品的过程中附带生产出来的一些非主要产品,副产品的计价方法是(   )。

   A. 副产品不计价

   B. 按销售价格扣除销售税金、销售费用后的余额计算

   C. 副产品按固定价格计价

   D. 按计划单位成本计价

   E. 按实际成本计价

8. 等级产品是指(   )。

   A. 使用同一种原材料

   B. 使用不同的原材料

   C. 经过同一生产过程生产出来的品种相同而质量不同的产品

   D. 采用不同的生产工艺技术生产出来的品种相同而质量不同的产品

9. 可按分类法成本计算原理计算产品成本的等级品是(   )。

   A. 由于材料质量原因造成等级品

   B. 由于工艺过程本身原因造成等级品

   C. 由于自然原因造成等级品

   D. 由于生产管理不当造成等级品

   E. 由于操作失误造成等级品

10. 系数分配法下,用于确定系数的标准可采用(   )。

    A. 产品的定额成本、计划成本等成本指标

    B. 产品的重量、体积、长度等经济技术指标

    C. 定额消耗量、定额工时等产品生产的各种定额消耗指标

    D. 产品的售价等收入指标

三、判断题

1. 分类法和品种法都是工业企业产品成本计算的基本方法。　　　　（　　）

2. 分类法下同类产品内各种产品之间分配成本的标准,有定额消耗量、定额成本、售价,以及产品的体积、长度和重量等。　　　　（　　）

3. 大型设备生产企业可以采用分类法。　　　　（　　）

4. 联产品是指使用不同原料,经过同一加工过程,同时生产出的具有同等地位的不同用途的主要产品。　　　　（　　）

5. 副产品是指使用相同原料,经过同一加工过程,同时生产出的具有同等地位的不同用途的主要产品。　　　　（　　）

6. 等级产品是指使用同种原材料,经过相同加工过程生产出来的品种相同但质量不同的产品。　　　　（　　）

7. 定额法,又称定额成本法,就是为了及时地反映和监督生产耗费和产品成本脱离定额的差异,将产品成本的计划、控制、核算和分析结合起来,以实施成本控制、加强成本管理而采用的一种成本计算方法。　　　　（　　）

8. 定额成本就是计划成本,都服务于企业的对内管理。　　　　（　　）

9. 直接材料脱离定额差异的核算方法,一般有限额法、切割核算法和约当比例法三种。　　　　（　　）

10. 一个企业的各个生产车间的生产类型相同,但管理上的要求不同,可以采用不同的成本计算方法。　　　　（　　）

四、业务综合题

1. 琼海公司生产 A、B、C 三种产品,所用原材料和工艺过程相似,合并为甲类进行生产成本计算。该企业规定:该类产品的原材料耗费随生产进度逐步投入,材料耗费按照各种产品的原材料耗费系数进行分配;加工成本按照各种产品的工时系数进行分配。同类产品内各种产品的原材料成本,按原材料耗费定额确定系数;同类产品内各种产品之间的直接工资和制造费用,均按各种产品的定额工时计算确定系数;该公司规定 B 种产品为标准产品。

20××年 11 月生产甲类(A、B、C 三种产品)产品,有关成本资料如下:

(1) 甲类产品成本资料,见表 7-1。

表 7-1　　　　　甲类产品期初在产品成本和本月生产成本情况表

20××年11月　　　　　　　　　单位:元

项　目	直接材料	直接人工	制造费用	合计
期初在产品成本 (定额成本)	41 910	13 530	44 550	99 990
本月生产成本	53 340	18 500	60 090	131 930
生产成本合计	95 250	32 030	104 640	231 920

(2) 甲类产品的工时定额和材料消耗定额分别为:

① 工时定额为:A产品16小时,B产品10小时,C产品11小时。

② 材料消耗定额为:A产品212.80元,B产品266.00元,C产品345.80元。

(3) 该公司11月份各产品完工产品与在产品的实际产量分别为:

① 完工产品产量:A产品120件,B产品90件,C产品150件。

② 在产品产量为:A产品100件,B产品100件,C产品50件。

(4) 甲类各种产品在产品单位定额成本资料,见表7-2。

表 7-2　　　　　　甲类各种产品在产品单位定额成本情况表

单位:元

甲类产品	直接材料	直接人工	制造费用	合计
A产品	120	50	165	335
B产品	110	60	158	328
C产品	149.60	34.20	191	374.80

要求:

(1) 计算甲类完工产品的生产成本。

(2) 计算甲类产品的类内A、B、C产品的生产成本并编制产品入库的会计分录。

(1) 计算甲类完工产品的生产成本。见表7-3。

表7-3　　　　　　　　　　　　　　　　基本生产成本明细账

产品:甲类产品　　　　　　　　　　　20××年11月　　　　　　　　　　　单位:元

20××年		摘　要	直接材料	直接工资	制造费用	合　计
月	日					
10	31	期末在产品成本 (定额成本)				
11	30	本月发生的生产成本				
	30	生产成本合计				
	30	本月完工甲类产品成本				
	30	期末甲类在产品成本 (定额成本)				

　　(2) 计算甲类产品的类内 A、B、C 产品的生产成本。

　　① 根据各产品所耗各种原材料的消耗定额、计划单价以及成本总定额,以及工时定额编制系数计算表。见表7-4。

表7-4　　　　　　　　　　　　　　　各种产品系数计算表

产品:甲类产品　　　　　　　　　20××年11月

产品名称		加工成本系数		直接材料系数	
		单位产品 工时定额(小时)	人工和制造 费用系数	单位产品 材料定额(千克)	原材料 耗费系数
甲类产品	A产品				
	B产品 (标准产品)				
	C产品				

　　② 根据各种产品的产量、原材料成本系数、人工和制造费用系数计算总系数(或标准产量)。见表7-5。

表 7-5 产品总系数计算表

产品:甲类产品 20××年11月

品名	产品产量（件）	人工和制造费用分配总系数		材料费用分配总系数	
		系数	总系数	系数	总系数
A产品					
B产品					
C产品					
合 计					

③ 根据甲类产品的生产成本明细账中11月份产成品的成本资料,编制该类各种产成品成本计算表。见表7-6。

表 7-6 甲类内的各种产品成本计算表

产品类别:甲类产品 20××年11月 金额单位:元

项 目	产量（件）	原材料费用总系数	直接材料分配额	加工费用总系数	直接人工分配额	制造费用分配额	各种产品总成本	单位成本
甲类产品成本								
分配率								
A产品								
B产品								
C产品								
合计								

2. 琼海公司20××年10月生产甲、乙、丙三种联产品,本月实际产量为:甲产品40 000千克;乙产品20 000千克;丙产品15 000千克。各种产品的市场售价为:甲产品15元;乙产品24元;丙产品12元。联产品分离前的联合成本为1 008 000元(为了简化成本计算,不分成本项目计算)。

(1) 根据资料,假设采用系数分配法计算甲、乙、丙产品的成本(见表7-7)并编制产品入库的会计分录。

表 7-7　　　　　　　　联产品成本计算单(系数分配法)

20××年 10 月　　　　　　　　金额单位:元

品名	实际产量(件)	系数	标准产量	分配率	各产品总成本	各产品单位成本
甲产品						
乙产品						
丙产品						
合计						

（2）根据资料,假设采用实物量分配法计算甲、乙、丙产品的成本(见表 7-8),并编制产品入库的会计分录。

表 7-8　　　　　　　　联产品成本计算单(实物量分配法)

20××年 10 月　　　　　　　　金额单位:元

品名	实际产量(件)	分配率	各产品总成本	各产品单位成本
甲产品				
乙产品				
丙产品				
合计				

（3）根据资料,假设采用销售价值分配法计算甲、乙、丙产品的成本(见表 7-9),并编制产品入库的会计分录。

表 7-9　　　　　　　　联产品成本计算单(销售价值分配法)

20××年 10 月　　　　　　　　金额单位:元

品名	实际产量(件)	单价	销售价值	分配率	各产品总成本	各产品单位成本
甲产品						
乙产品						
丙产品						
合计						

3. 琼海公司在生产主要产品——丁产品的同时,附带生产出 A 副产品,A 副产

品分离后需进一步加工后才能出售。20××年11月共发生联合成本155 000元,其中:直接材料77 500元;直接人工31 000元;制造费用46 500元。A副产品进一步加工发生直接人工成本2 000元;制造费用2 500元。本月生产丁产品1 000千克,A副产品200千克,A副产品的市场售价150元/千克,单位税金和利润50元。

根据资料,按A副产品既要负担专属成本,又要负担分离前联合成本的方法计算丁产品成本和A副产品成本,要求填制主产品成本计算单(见表7-10)和副产品成本计算单(见表7-11)并编制产品入库的会计分录。

表7-10　　　　　　　　　　主产品成本计算单

品名:丁产品　　　　　　　　20××年11月　　　　　　　　金额:元

品名	直接材料	直接人工	制造费用	合计
生产成本合计				
结转副产品负担的联合成本				
本月完工丁产品的生产成本				
单位成本				

表7-11　　　　　　　　　　副产品成本计算单

品名:A副产品　　　　　　　　20××年11月　　　　　　　　金额:元

品名	直接材料	直接人工	制造费用	合计
分摊的联合成本				
可归属的成本				
A副产品总成本				
单位成本				

4. 琼海公司20××年11月生产丙产品,在生产中出现不同等级质量的产品。本月生产的丙产品实际产量为750件,其中:一等品200件;二等品400件;三等品150件。各种等级的丙产品的市场售价为:一等品售价24元;二等品售价15元;三等品售价12元。本月丙产品的总成本为10 080元(为了简化成本计算,不分成本项目计算)。

根据以上资料,进行丙产品的各等级品成本计算:

(1)假设不同质量等级的丙产品,是由于目前生产技术水平、工艺技术条件和原材料质量等客观原因所造成的,采用系数分配法计算各等级品成本(见表7-12)

并编制产品入库的会计分录。

表 7-12　　　　　　　　　丙产品的等级品成本计算单（系数分配法）

20××年11月　　　　　　　　　　　金额：元

产品等级	实际产量	系数	标准产量	分配率	各等级产品总成本	各等级产品单位成本
一等品						
二等品						
三等品						
合计						

（2）如果不同质量等级的产品，是由于违规操作，或者技术不熟练等主观原因所造成的，采用实物量分配法计算各等级品成本（见表 7-13）。

表 7-13　　　　　　　　　丙产品的等级品成本计算单（实物量分配法）

20××年11月　　　　　　　　　　　金额：元

产品等级	实际产量	分配率	各等级产品总成本	各等级产品单位成本
一等品				
二等品				
三等品				
合计				

练习题答案

一、单项选择题

1. D　2. D　3. C　4. A　5. A　6. C　7. B　8. A　9. A　10. D
11. C　12. B　13. A　14. D　15. C

二、多项选择题

1. DE　2. ABCDE　3. AB　4. ACDE　5. ABCDE
6. ABC　7. ABD　8. AC　9. ABDE　10. ABCD

三、判断题

1. ×   2. √   3. ×   4. ×   5. ×

6. √   7. √   8. ×   9. ×   10. √

四、业务综合题

1. (1) 计算甲类完工产品的生产成本。根据成本资料,运用品种法的成本计算原理,计算出本月甲类产品的本月完工产品成本和月末在产品成本(见表7-14)。

表 7-14   基本生产成本明细账

产品:甲类产品   20××年11月   单位:元

20××年		摘　要	直接材料	直接工资	制造费用	合　计
月	日					
10	31	期末在产品成本 (定额成本)	41 910	13 530	44 550	99 990
11	30	本月发生的生产成本	53 340	18 500	60 090	131 930
	30	生产成本合计	95 250	32 030	104 640	231 920
	30	本月完工甲类产品成本	64 770	19 320	62 790	146 880
	30	期末甲类在产品成本 (定额成本)	30 480	12 710	41 850	85 040

备注:11月期末甲类在产品成本计算方法:

① 直接材料＝$100×120+100×110+50×149.60=30\,480$(元);

② 直接人工＝$100×50+100×60+50×34.20=12\,710$(元);

③ 制造费用＝$100×165+100×158+50×191=41\,850$(元)。

(2) 计算甲类产品的类内 A、B、C 产品的生产成本。

① 根据各产品所耗各种原材料的消耗定额、计划单价以及成本总定额,以及工时定额编制系数计算表(见表7-15)。

表 7-15　　　　　　　　　各种产品系数计算表

产品:甲类产品　　　　　　　　20××年11月

产品名称		加工成本系数		直接材料系数	
		单位产品 工时定额(小时)	人工和制造 费用系数	单位产品 材料定额(千克)	原材料 耗费系数
甲类产品	A产品	16	16÷10=1.6	212.80	212.80÷266=0.8
	B产品 (标准产品)	10	1	266.00	1
	C产品	11	11÷10=1.1	345.80	345.80÷266=1.3

② 根据各种产品的产量、原材料成本系数,人工和制造费用系数计算总系数(或标准产量)(见表7-16)。

表 7-16　　　　　　　　　产品总系数计算表

产品:甲类产品　　　　　　　　20××年11月

品名	产品产量 (件)	人工和制造费用分配总系数		材料费用分配总系数	
		系数	总系数	系数	总系数
A产品	120	1.6	192	0.8	96
B产品	90	1.0	90	1.0	90
C产品	150	1.1	165	1.3	195
合　计			447		381

③ 根据甲类产品的生产成本明细账中11月份产成品的成本资料,编制该类各种产成品成本计算表(见表7-17)。

表 7-17　　　　　　　甲类内的各种产品成本计算表

产品类别:甲类产品　　　　　　20××年11月　　　　　　金额单位:元

项　目	产量 (件)	原材料费 用总系数	直接材料 分配额	加工费用 总系数	直接人工 分配额	制造费用 分配额	各种产品 总成本	单位 成本
甲类产 品成本			64 770		19 320	62 790	146 880	
分配率			170		43.221 5	140.469 8		

（续表）

项 目	产量（件）	原材料费用总系数	直接材料分配额	加工费用总系数	直接人工分配额	制造费用分配额	各种产品总成本	单位成本
A产品	120	96	16 320	192	8 298.53	26 970.20	51 588.73	429.91
B产品	90	90		90	3 889.94	12 642.28	31 832.22	353.69
C产品	150	195	33 150	165	7 131.53	23 177.52	63 459.05	423.06
合计		381	64 770	447	19 320	62 790	146 880	

备注：表中①直接材料耗费分配率＝64 770÷381＝170

② 直接工资耗费分配率＝19 320÷447＝43.221 5

③ 间接制造费用分配率＝62 790÷447＝140.469 8

根据成本计算单和产品入库单，编制结转完工入库产品成本的会计分录：

借：库存商品——A产品   51 588.73

    ——B产品   31 832.22

    ——C产品   63 459.05

 贷：基本生产成本——甲类产品   146 880

2. （1）根据资料，假设采用系数分配法计算甲、乙、丙产品的成本（见表 7-18）并编制产品入库的会计分录。

表 7-18   **联产品成本计算单（系数分配法）**

20××年10月   单位：元

品名	实际产量	系数	标准产量	分配率	各产品总成本	各产品单位成本
甲产品	40 000	1	40 000		480 000	12.00
乙产品	20 000	1.6	32 000		384 000	19.20
丙产品	15 000	0.8	12 000		144 000	9.60
合计	75 000		84 000	12	1 008 000	

备注：确定甲产品为标准产品，系数定为"1"，按产品售价计算乙、丙产品的系数为：

① 乙产品系数＝24÷15＝1.6

② 丙产品系数＝12÷15＝0.8

根据成本计算单和产品入库单,编制结转完工入库产品成本的会计分录:

借:库存商品——甲产品 480 000

　　　——乙产品 384 000

　　　——丙产品 144 000

　贷:基本生产成本 1 008 000

(2) 根据资料,假设采用实物量分配法计算甲、乙、丙产品的成本(见表7-19),编制产品入库的会计分录。

表 7-19　　　　　　联产品成本计算单(实物量分配法)

20××年10月　　　　　　单位:元

品名	实际产量	分配率	各产品总成本	各产品单位成本
甲产品	40 000		537 600	13.44
乙产品	20 000		268 800	13.44
丙产品	15 000		201 600	13.44
合计	75 000	13.44	1 008 000	

根据成本计算单和产品入库单,编制结转完工入库产品成本的会计分录:

借:库存商品——甲产品 537 600

　　　——乙产品 268 800

　　　——丙产品 201 600

　贷:基本生产成本 1 008 000

(3) 根据资料,假设采用销售价值分配法计算甲、乙、丙产品的成本(见表7-20),编制产品入库的会计分录。

表 7-20　　　　　　联产品成本计算单(销售价值分配法)

20××年10月　　　　　　单位:元

品名	实际产量	单价	销售价值	分配率	各产品总成本	各产品单位成本
甲产品	40 000	15	600 000		480 000	12.00
乙产品	20 000	24	480 000		384 000	19.20
丙产品	15 000	12	180 000		144 000	9.60
合计	75 000		1 260 000	0.8	1 008 000	

根据成本计算单(见表7-21,表7-22)和产品入库单,编制结转完工入库产品成本的会计分录:

借:库存商品——甲产品   480 000

     ——乙产品   384 000

     ——丙产品   144 000

 贷:基本生产成本   1 008 000

3.

表 7-21   主产品成本计算单

品名:丁产品   20××年11月   单位:元

品名	直接材料	直接人工	制造费用	合计
生产成本合计	77 500.00	31 000.00	46 500.00	155 000.00
结转副产品负担的联合成本	7 750.00	3 100.00	4 650.00	15 500.00
本月完工丁产品的生产成本	69 750.00	27 900.00	41 850.00	139 500.00
单位成本	69.75	27.90	41.85	139.50

表 7-22   副产品成本计算单

品名:A副产品   20××年11月   单位:元

品名	直接材料	直接人工	制造费用	合计
分摊的联合成本	7 750.00	3 100.00	4 650.00	15 500.00
可归属的成本		2 000.00	2 500.00	4 500.00
A副产品总成本	7 750.00	5 100.00	7 150.00	20 000.00
单位成本	38.75	25.50	35.75	100.00

备注:① 副产品应负担的联合总成本=200×(150-50)-(2 000+2 500)=15 500(元)

对副产品应负担的联合总成本,按分离前的联合成本的成本项目构成比例分配给副产品的各成本项目,其中:

② 分配率=15 500÷155 000=0.1

③ 直接材料＝77 500×0.1＝7 750(元)

④ 直接人工＝31 000×0.1＝3 100(元)

⑤ 制造费用＝46 500×0.1＝4 650(元)

根据成本计算单和产品入库单,编制结转完工入库产品成本的会计分录:

借:库存商品——丁产品　　　　　　　　　　　　　　　　　139 500

　　　　　　——A 副产品　　　　　　　　　　　　　　　20 000

　　贷:基本生产成本　　　　　　　　　　　　　　　　　　159 500

4. (1)假设不同质量等级的丙产品,是由于目前生产技术水平、工艺技术条件和原材料质量等客观原因所造成的,采用系数分配法计算各等级品成本(见表7-23)。

表 7-23　　　　　　　丙产品的等级品成本计算单(系数分配法)

20××年 11 月　　　　　　　　　　金额单位:元

产品等级	实际产量(件)	系数	标准产量	分配率	各等级产品总成本	各等级产品单位成本
一等品	200	1.6	320		3 840	19.20
二等品	400	1.0	400		4 800	12.00
三等品	150	0.8	120		1 440	9.60
合计	750		840	12	10 080	

备注:确定一等品为标准产品,系数定为"1",按各等级产品的售价计算二等品、三等品的系数为:

① 二等品系数＝24÷15＝1.6

② 三等品系数＝12÷15＝0.8

根据等级成本计算单和产品入库单,编制会计分录如下:

借:库存商品——丙产品(一等品)　　　　　　　　　　　　3 840

　　　　　　——丙产品(二等品)　　　　　　　　　　　　4 800

　　　　　　——丙产品(三等品)　　　　　　　　　　　　1 440

　　贷:基本生产成本——丙产品　　　　　　　　　　　　　10 080

(2) 如果不同质量等级的产品,是由于违规操作,或者技术不熟练等主观原因所造成的,采用实物量分配法计算各等级品成本。

表 7-24 　　　　　　　丙产品的等级品成本计算单（实物量分配法）

20××年 11 月　　　　　　　　　　　金额单位：元

产品等级	实际产量（件）	分配率	各等级产品总成本	各等级产品单位成本
一等品	200		2 688	13.44
二等品	400		5 376	13.44
三等品	150		2 016	13.44
合计	750	13.44	10 080	

根据等级品成本计算单和产品入库单，编制会计分录如下：

借：库存商品——丙产品（一等品）　　　　　　　　　　　2 688
　　　　　　　——丙产品（二等品）　　　　　　　　　　　5 376
　　　　　　　——丙产品（三等品）　　　　　　　　　　　2 016
　　贷：基本生产成本——丙产品　　　　　　　　　　　　　　　10 080

第八章 商品流通企业的成本核算

（略）

第九章 工业企业成本报表和成本分析

学习要点

第一节 成本报表概述

一、成本报表的概念

二、成本报表的特点

三、成本报表的作用

四、成本报表的种类

第二节 成本报表的编制和一般分析方法

一、成本报表的编制

二、成本报表的一般分析方法

（一）对比分析法

（二）比率分析法

（三）连环替代法

（四）差额分析法

（五）趋势分析法

第三节　商品产品生产成本报表的编制和分析

一、商品产品生产成本表的编制

（一）商品产品生产成本表（按成本项目反映）的编制

（二）商品产品生产成本表（按产品种类反映）的编制

二、全部商品产品成本计划完成情况分析

（一）按成本项目分析全部商品产品成本计划完成情况

（二）按产品种类分析全部商品产品成本计划完成情况

（三）可比产品成本降低计划完成情况的分析

第四节　主要产品单位成本表的编制和分析

一、主要产品单位成本表的结构

二、主要产品单位成本表的编制方法

三、主要产品单位成本表的分析

（一）主要产品单位成本变动情况的分析

（二）主要产品单位成本的分项目分析

第五节　制造费用和各项期间费用明细表表的编制和分析

一、制造费用明细表

（一）制造费用明细表的结构和编制方法

（二）制造费用明细表的作用

（三）制造费用明细表的分析

二、期间费用报表

第六节 成本效益分析

一、产值成本率分析

二、主营业务收入成本费用率分析

三、成本费用利润率分析

本章练习题

一、单项选择题

1. 下列不属于成本报表的是（　　）。

   A. 商品产品成本表

   B. 主要产品单位成本表

   C. 现金流量表

   D. 制造费用明细表

2. 成本报表属于（　　）。

   A. 对外报表

   B. 对内报表

   C. 既是对内报表，又是对外报表

   D. 对内还是对外由企业决定

3. 下列不属于成本分析的基本方法是（　　）。

   A. 对比分析法

   B. 产量分析法

   C. 因素分析法

   D. 比率分析法

4. 根据实际指标与不同时期的指标对比,来揭示差异,分析差异产生原因的分析方法称为( )。

A. 因素分析法

B. 差量分析法

C. 对比分析法

D. 相关分析法

5. 在进行全部商品产品成本分析时,计算成本降低率时,是用成本降低额除以( )。

A. 按计划产量计算的计划总成本

B. 按计划产量计算的实际总成本

C. 按实际产量计算的计划总成本

D. 按实际产量计算的实际总成本

6. 对可比产品成本降低率不产生影响的因素是( )。

A. 产品品种结构

B. 产品产量

C. 产品单位成本

D. 产品总成本

7. 一定时期销售一定数量产品的产品销售成本与产品销售收入的比例是( )。

A. 成本费用利润率   B. 销售利润率

C. 销售成本率   D. 产值成本率

8. 采用连环替代法,可以揭示( )。

A. 产生差异的因素和各因素的影响程度

B. 产生差异的因素

C. 产生差异的因素和各因素的变动原因

D. 实际数与计划数之间的差异

二、多项选择题

1. 商品产品成本表可以反映可比产品与不可比产品的( )。

A. 实际产量   B. 单位成本

C. 本月总成本   D. 本年累计总成本

2. 工业企业编制的成本报表有( )。

    A. 商品产品成本表

    B. 主要产品单位成本表

    C. 制造费用明细表

    D. 成本计算单

3. 工业企业编报的成本报表必须做到( )。

    A. 数字准确   B. 内容完整

    C. 字迹清楚   D. 编报及时

4. 下列指标中属于相关比率的有( )。

    A. 产值成本率

    B. 成本降低率

    C. 成本利润率

    D. 销售收入成本率

5. 生产多品种的情况下,影响可比产品成本降低额的因素有( )。

    A. 产品产量   B. 产品单位成本

    C. 产品价格   D. 产品品种结构

6. 影响可比产品降低率变动的因素可能有( )。

    A. 产品产量   B. 产品单位成本

    C. 产品价格   D. 产品品种结构

7. 成本报表分析常用的方法有( )。

    A. 对比分析法   B. 比例分析法

    C. 因素分析法   D. 趋势分析法

8. 在采用因素分析法进行成本分析时,确定各因素替代顺序时,下列说法正确的是( )。

    A. 先替代数量指标,后替代质量指标

    B. 先替代质量指标,后替代数量指标

    C. 先替代实物量指标,后替代价值量指标

    D. 先替代主要指标,后替代次要指标

9. 在进行可比产品成本降低任务完成情况分析时,对于产品单位成本的变动,下列说法正确的有( )。

A. 产品单位成本的变动影响成本降低额

B. 产品单位成本的变动影响成本降低率

C. 产品单位成本的变动不影响成本降低额

D. 产品单位成本的变动不影响成本降低率

10. 在计算可比产品成本计划降低额时,需要计算的指标有( )。

A. 实际产量按上年实际单位成本计算的总成本

B. 实际产量按本年实际单位成本计算的总成本

C. 计划产量按上年实际单位成本计算的总成本

D. 计划产量按本年计划单位成本计算的总成本

三、判断题

1. 商品产品成本表是反映企业在报告期内生产的全部商品产品的总成本的报表。（ ）

2. 企业编制的成本报表一般不对外公布,所以,成本报表的种类、项目和编制方法可由企业自行确定。（ ）

3. 企业编制的所有成本报表中,"商品产品生产成本表"是最主要的报表。（ ）

4. 在分析某个指标时,将与该指标相关但又不同的指标加以对比,分析其相互关系的方法称为对比分析法。（ ）

5. 采用因素分析法进行成本分析时,各因素变动对经济指标影响程度的数额相加,应与该项经济指标实际数与基数的差额相等。（ ）

6. 在进行全部商品产品成本分析时,需要计算成本降低率.该项指标是用成本降低额除以实际产量的实际总成本计算的。（ ）

7. 在进行可比产品成本降低任务完成情况的分析时,由于产品产量因素的变动,只影响成本降低额,不影响成本降低率。（ ）

8. 可比产品成本实际降低额是用实际产量的按上年实际单位成本计算的总成本与实际产量按本年实际单位成本计算的总成本计算的。（ ）

9. 不可比产品是指上年没有正式生产过,没有上年成本资料的产品。（ ）

10. 本年累计实际产量与本年计划单位成本之积,称为按本年实际产量计算的本年累计总成本。（ ）

四、业务综合题

1. 某企业有关产量、单位成本和总成本的资料如表 9-1 所示。

表 9-1 　　　　　　　　　　　　　　产量及成本情况表

产品名称		实际产量(件)		单位成本(元)		总成本(元)	
		本月	本年累计	上年实际平均数	本年计划	本月实际	本年累计数
可比产品	A产品	100	900	800	780	75 000	684 000
	B产品	30	500	500	480	13 500	235 000
	C产品	80	1 100	700	710	55 200	748 000
不可比产品	D产品	300	3 200		1 150	375 000	3 520 000
	E产品	600	7 800		1 480	894 000	11 076 000

要求：根据上述资料，编制"商品产品生产成本表"如表 9-2 所示。

表 9-2 　　　　　　　　　　　　　　商品产品生产成本表

编制单位：××工厂 　　　　　　　　　20××年×月 　　　　　　　　金额单位:元

产品名称	计量单位	实际产量		单位成本				本月总成本			本年累计总成本		
		本月	本年累计	上年实际平均	本年计划	本月实际	本年累计实际平均	按上年实际平均单位成本计算	按本年计划单位成本计算	本期实际	按上年实际平均单位成本计算	按本年计划单位成本计算	本年实际
可比产品合计													
其中:A	件												
B	件												
C	件												
不可比产品合计													
其中:D	件												
E	件												
全部产品													

补充资料:(1) 可比产品成本降低额:_____元

(2) 可比产品成本降低率:_____%

2. 某企业本年度各种产品计划成本和实际成本资料如表 9-3 所示。

表 9-3　　　　　　　　　　成本对比分析表

单位:元

项目	本年计划成本	本年实际成本	成本差异额	成本差异率
A 产品	1 000 000	980 000		
B 产品	2 500 000	2 600 000		
C 产品	3 800 000	4 000 000		
合　计				

要求:根据上述资料,采用对比分析法,分析各种产品的成本差额和成本差异率并将计算结果填入表 9-3 中。

3. 某企业生产的 A 产品,本月份产量及其他有关材料耗费的资料如表 9-4 所示。

表 9-4　　　　　　　　　产量及其他有关资料表

项　目	计划数	实际数
产品产量(件)	200	220
单位产品材料消耗量(千克)	30	28
材料单价(元)	500	480
材料耗费(元)		

要求:根据上述资料,采用因素分析法分析各种因素变动对材料费用的影响程度。

4. 某企业本年度生产五种产品,有关产品产量及单位成本资料如表 9-5 所示。

表 9-5　　　　　　　　　产量及单位成本资料表

产品类别		实际产量(件)	计划单位成本(元)	实际单位成本(元)
可比产品	A 产品	200	150	162
	B 产品	300	200	180
	C 产品	800	1 200	1 150
不可比产品	D 产品	260	380	400
	E 产品	400	760	750

要求:根据上述资料,按产品分别计算企业全部商品产品成本计划的完成情

况,并将计算结果填入表9-6中。

表9-6　　　　　全部商品产品成本计划完成情况分析表

产品名称		总成本		差异	
		按计划计算	按实际计算	降低额(元)	降低率
可比产品	A产品				
	B产品				
	C产品				
	小计				
不可比产品	D产品				
	E产品				
	小计				
合　计					

5. 某企业本年度生产A、B、C、D产品,有关资料如表9-7所示。

表9-7　　　　　　　产量及单位成本资料表

产品名称	产量(件)		单位成本(元)		
	计划	实际	上年实际	本年计划	本年实际
A产品	2 000	2 300	1 000	980	990
B产品	1 000	900	1 500	1 600	1 480
C产品	5 600	6 000	3 000	2 900	2 800
D产品	7 000	6 900	5 900	5 800	5 500

要求:根据上述资料对可比产品成本降低任务完成情况进行分析,并将计算结果填入表9-8至表9-10中。

表9-8　　　　　可比产品成本计划降低任务情况表

可比产品	计划产量(件)	单位成本(元)		总成本(元)		降低任务	
		上年	计划	上年	计划	降低额	降低率
A产品							
B产品							
C产品							
D产品							
合　计							

表 9-9　　　　　　　　　　可比产品成本实际完成情况表

可比产品	实际产量（件）	单位成本（元）			总成本（元）			降低任务	
		上年	计划	实际	上年	计划	实际	降低额	降低率
A 产品									
B 产品									
C 产品									
D 产品									
合　计									

表 9-10　　　　　　　　可比产品成本降低任务完成情况分析表

影响因素				计算方法	
顺序	产量	品种构成	单位成本	降低额	降低率
（1）	计划	计划	计划		
（2）	实际	计划	计划		
（3）	实际	实际	计划		
（4）	实际	实际	实际		
各因素的影响： 　产量因素的影响 　品种构成因素的影响 　单位成本构成因素的影响 　　　合　计					

6. 某企业生产的甲产品，材料项目的有关资料如表 9-11 所示。

表 9-11 材料项目的有关资料表

材料名称	单位耗用量（千克）		材料单价（元）		材料成本（元）		差异
	计划	实际	计划	实际	计划	实际	
A 材料	100	95	10	8	1 000	760	−240
B 材料	200	210	20	22	4 000	4 620	620
C 材料	500	490	8	7	4 000	3 430	−570
合 计					9 000	8 810	−190

要求：根据上述资料，计算材料耗用量和材料价格变动对材料耗费的影响。

练习题答案

一、单项选择题

1. C 2. B 3. B 4. C 5. C 6. B 7. C 8. C

二、多项选择题

1. ABCD 2. ABC 3. ABD 4. ACD 5. ABD 6. BD 7. ACD 8. ACD
9. AD 10. CD

三、判断题

1. × 2. √ 3. √ 4. × 5. √ 6. × 7. √ 8. √ 9. √ 10. ×

四、业务综合题

1. 产品生产成本计算表如表 9-12 所示。

表 9-12　　　　　　　　　　　产品生产成本表

编制单位：××工厂　　　　　　　　　　20××年×月　　　　　　　　金额单位：元

产品名称	计量单位	实际产量		单位成本				本月总成本			本年累计总成本		
		本月	本年累计	上年实际平均	本年计划	本月实际	本年累计实际平均	按上年实际平均单位成本计算	按本年计划单位成本计算	本期实际	按上年实际平均单位成本计算	按本年计划单位成本计算	本年实际
可比产品合计								151 000	149 200	143 700	1 740 000	1 696 000	1 667 000
其中：A	件	100	900	800	780	750	760	80 000	78 000	75 000	720 000	675 000	684 000
B	件	30	500	500	480	450	470	15 000	14 400	13 500	250 000	240 000	235 000
C	件	80	1 100	700	710	690	680	56 000	56 800	55 200	770 000	781 000	748 000
不可比产品合计									1 233 000	1 269 000		15 224 000	14 596 000
其中：D	件	300	3 200		1 150	1 250	1 100		345 000	375 000		3 680 000	3 520 000
E	件	600	7 800		1 480	1 490	1 420		888 000	894 000		11 544 000	11 076 000
全部产品									1 382 200	1 412 700		16 920 000	16 263 000

补充资料：

1）可比产品成本降低额：73 000 元

2）可比产品成本降低率：4.2%

2. 成本对批分析表如表 9-13 所示。

表 9-13　　　　　　　　　　成本对比分析表

20××年×月　　　　　　　　　金额单位：元

项目	本年计划成本	本年实际成本	成本差异额	成本差异率
A 产品	100 000	980 000	−20 000	−2%
B 产品	2 500 000	2 600 000	100 000	4%
C 产品	3 800 000	4000 000	200 000	5.26%
合　计	7 300 000	7 580 000	280 000	3.38%

3. 产量及其他有关资料如表 9-14 所示。

表 9-14 产量及其他有关资料表

项　目	计划数	实际数
产品产量(件)	200	220
单位产品材料消耗量(千克)	30	28
材料单价(元)	500	480
材料耗费	3 000 000	2 956 800

分析对象：2 956 800－3 000 000＝－43 200(元)

计划材料耗费＝200×30×500＝3 000 000(元)

第一次替代：材料耗费＝220×30×500＝3 300 000(元)

第二次替代：材料耗费＝220×28×500＝3 080 000(元)

实际材料费用＝220×28×480＝2 956 800(元)

由于产量变动对材料耗费的影响＝3 300 000－3 000 000＝300 000(元)

由于材料单耗变动对材料耗费的影响＝3 080 000－3 300 000＝－220 000(元)

由于材料单价变动对材料耗费的影响＝2 956 800－308 000＝－1 232 000(元)

三个因素变动对材料耗费的影响程度合计＝300 000－220 000－123 200

　　　　　　　　　　　　　　　　＝－43 200(元)

4. 产品成本计划完成情况分析如表 9-15 所示。

表 9-15 全部商品产品成本计划完成情况分析表

20××年×月

产品名称		总成本(元)		差异	
		按计划计算	按实际计算	降低额(元)	降低率
可比产品	A产品	300 000	32 400	2 400	8％
	B产品	60 000	54 000	－6 000	－10％
	C产品	960 000	920 000	－40 000	－4.17％
	小计	1 050 000	1 006 400	－43 600	－4.15％

（续表）

产品名称		总成本（元）		差异	
		按计划计算	按实际计算	降低额（元）	降低率
不可比产品	D产品	98 800	104 000	5 200	5.26%
	E产品	304 000	300 000	−4 000	−1.32%
	小计	402 800	404 000	1 200	1.3%
合 计		1 452 800	1 410 400	−42 400	−2.29%

5. 可比产品成本计划降低任务情况如表9-16所示。

表9-16　　　　　　　可比产品成本计划降低任务情况表

20××年×月

可比产品	计划产量（件）	单位成本（元）		总成本（元）		降低任务	
		上年	计划	上年	计划	降低额	降低率
A产品	2 000	1 000	980	2 000 000	1 960 000	40 000	2%
B产品	1 000	1 500	1 600	1 500 000	1 600 000	−100 000	−6.67%
C产品	5 600	1 300	2 900	16 800 000	16 240 000	560 000	3.33%
D产品	7 000	5 900	5 800	41 300 000	40 600 000	700 000	1.7%
合 计				61 600 000	60 400 000	1 200 000	1.95%

可比产品成本实际完成情况如表9-17所示。

表9-17　　　　　　　可比产品成本实际完成情况表

可比产品	实际产量（件）	单位成本（元）			总成本（元）			降低任务	
		上年	计划	实际	上年	计划	实际	降低额（元）	降低率
A产品	2 300	1 000	980	990	2 300 000	2 254 000	2 277 000	23 000	1%
B产品	900	1 500	1 600	1 480	1 350 000	1 440 000	1 332 000	18 000	1.33%
C产品	6 000	3 000	2 900	2 800	1 800 000	17 400 000	16 800 000	1 200 000	6.67%
D产品	6 900	5 900	5 800	5 500	40 710 000	40 020 000	37 950 000	2 760 000	6.78%
合 计					62 360 000	61 114 000	58 359 000	4 001 000	6.42%

分析对象：降低额 = 4 001 000 − 1 200 000 = 2 801 000（元）

降低率＝6.42％－1.95％＝4.47％

可比产品成本降低任务完成情况分析表如表 9-18 所示。

表 9-18　　　　　　　可比产品成本降低任务完成情况分析表

影响因素				计算方法	
顺序	产量	品种构成	单位成本	降低额(元)	降低率
(1)	计划	计划	计划	1 200 000	1.95％
(2)	实际	计划	计划	62 360 000×1.95％＝1 216 020	1.95％
(3)	实际	实际	计划	62 360 000－61 114 000＝1 246 000	1 246 000/62 360 000＝2％
(4)	实际	实际	实际	4 001 000	6.42％
各因素的影响： 产量因素的影响 品种构成因素的影响 单位成本构成因素的影响				1 216 020－1 200 000＝16 020 1 246 000－1 216 020＝29 980 4 001 000－1 246 000＝2 755 000	0 2％－1.95％＝0.05％ 6.42％－2％＝4.42％
合　计				2 801 000	4.47％

6. 计算结果如下：

分析对象：8 810－9 000＝－190(元)

材料耗用量变动对材料耗费的影响

　　＝(95－100)×10＋(210－200)×20＋(490－500)×8＝70(元)

材料单价变动对材料耗费的影响

　　＝(8－10)×95＋(22－20)×210＋(7－8)×490＝－260(元)

合计影响：70－260＝－190(元)

综 合 实 训

    某企业生产甲、乙两种产品,属单步骤大量生产。辅助生产车间的制造费用通过"制造费用"科目核算。20××年5月的有关生产耗费支出资料如下:

    (1) 根据5月材料领退凭证汇总的材料耗费为:甲产品:原材料800 000元;乙产品:原材料400 000元;基本生产车间:机物料消耗45 000元,劳动保护费38 000元;供电车间:直接耗用15 000元,车间一般消耗10 000元;机修车间:直接耗用10 000元,车间一般消耗7 000元;企业管理部门:一般消耗40 000元。

    (2) 5月的工资耗费为:基本生产车间:生产工人工资580 000元,管理人员工资15 000元;供电车间:生产工人工资6 000元,管理人员工资5 500元;机修车间:生产工人工资21 000元,管理人员工资7 000元;企业管理部门:管理人员工资50 000元。

    职工福利费按工资的14%提取。

    基本生产车间工人工资(计时工资)和福利费在甲、乙两种产品之间按产品的实际工时比例分配。本月实际工时为:甲产品6 000小时,乙产品4 000小时。

    (3) 根据5月有关凭证记录,其他有关支出(假定均由银行存款支付)如下:基本生产车间:办公费30 000元,水费1 000元,运输费42 000元,厂外加工费80 000元,其他支出12 000元;供电车间:劳动保护费4 000元,办公费3 000元,其他支出3 000元;机修车间:办公费3 500元,其他支出1 000元;企业管理部门:办公费40 000元,水费6 000元,差旅费35 000元,其他支出55 000元。

    (4) 5月固定资产折旧费用为:基本生产车间65 000元,供电车间6 000元,机修车间8 000元,企业管理部门25 000元。

（5）该厂规定,辅助生产成本按计划成本分配。有关计划单位成本为:电每千瓦·小时 2.4 元,经常性机修每小时 80 元。辅助生产的成本差异全部计入管理费用。

供电车间供电 17 500 千瓦·小时。其中,机修车间动力用 1 340 千瓦·小时,照明用 110 千瓦·小时,基本生产车间动力用 14 850 千瓦·小时,照明用 450 千瓦·小时,企业管理部门用 750 千瓦·小时。基本生产车间的动力耗费,按产品的实用工时比例,在甲、乙两种产品之间进行分配。

机修车间进行经常性修理 920 小时。其中,供电车间耗用 30 小时,基本生产车间耗用 800 小时,企业管理部门耗用 90 小时。

（6）制造费用按产品的实用工时比例,在甲、乙两种产品之间进行分配。

（7）该厂甲产品的消耗定额比较准确、稳定,因而采用定额比例法分配计算完工产品成本和月末在产品成本;原材料成本按定额原材料成本比例分配,其他各项耗费均按定额工时比例分配。甲产品 5 月初在产品的定额资料为:定额原材料成本 52 000 元,定额工时 3 050 小时,其中实际成本为:原材料 50 000 元,燃料及动力 8 160 元,工资 18 000 元,制造费用 12 500元。甲产品 5 月份投入的定额原材料成本为 720 000 元,定额工时为 5 600小时。甲产品 5 月份完工 180 件,单件原材料成本定额为 4 000 元,单件工时定额为 41 小时。

该厂乙产品各月在产品数量比较稳定,因而规定各月末在产品成本按年初数固定计算,到年末时才根据实际情况进行调整。其年初在产品成本为:原材料76 000元,燃料与动力 22 000 元,工资 45 000 元,制造费用 33 000 元。乙产品 9 月份完工 100 件。

要求:

（1）根据上述资料,确定企业采用的成本计算方法。

（2）编制各种生产耗费分配表。

（3）编制有关生产耗费分配表和产品成本结转的会计分录。

（4）登记各种相关明细账。

企业采用的成本计算方法:＿＿＿＿＿＿＿＿＿＿＿＿＿＿＿

各费用分配表及相关明细账如表综－1 至表综－28 所示。

表综-1　　　　　　　　　　　**材料耗费分配表**

20××年5月　　　　　　　　　　　　　单位:元

应借科目	成本或费用项目	金额
	小计	
	小计	
	小计	
	合计	

表综-2　　　　　　　　　　　**应付职工薪酬耗费分配表**

20××年5月　　　　　　　　　　　　金额单位:元

应借科目	分配计入				直接计入	工资耗费合计	职工福利费（14%）	应付职工薪酬合计
	产品	生产工时	分配率	分配金额				
合　计								

表综-3　　　　　　　　　　银行存款付款凭证汇总表

20××年5月　　　　　　　　　　　　　单位:元

应借科目			金　额
总账科目	明细科目	成本或费用项目	
		小计	
		小计	
		小计	
		小计	
合计			

表综-4　　　　　　　　　　固定资产折旧费分配表

20××年5月　　　　　　　　　　　　　单位:元

应借科目	车间	成本(费用)项目	固定资产折旧额
合计			

表综 – 5　　　　　　　　　**辅助生产成本明细账**

辅助生产车间:供电车间　　　　　　　　　　　　　　　　单位:元

20××年		摘要						
月	日							

表综 – 6　　　　　　　　　**辅助生产成本明细账**

辅助生产车间:机修车间　　　　　　　　　　　　　　　　单位:元

20××年		摘要						
月	日							

表综-7   制造费用明细账

车间名称:供电车间   单位:元

20××年		摘要								
月	日									

表综-8   制造费用明细账

车间名称:机修车间   单位:元

20××年		摘要								
月	日									

表综-9   辅助生产成本分配表

(计划成本分配法)

20××年5月

项目	供电车间	机修车间	合计
待分配成本			
供应数量	(千瓦·小时)	(小时)	
计划单位成本(元)			

（续表）

项目			供电车间	机修车间	合计
辅助车间	供电车间	耗用数量			
		负担金额			
	机修车间	动力耗用数量			
		负担金额			
		照明耗用数量			
		负担金额			
基本生产车间	动力耗用	耗用数量			
		负担金额			
	一般耗用	耗用数量			
		负担金额			
行政管理部门		耗用数量			
		负担金额			
按计划成本分配合计					
辅助生产实际成本					
辅助生产成本差异					

表综-10 **动力耗费分配表**

生产车间： 20××年5月

应借科目		分配标准（生产工时）	分配率（元/小时）	分配金额（元）
总账科目	明细科目			
基本生产成本	甲产品			
	乙产品			
	合 计			

表综-11 **制造费用明细账**

车间名称：基本生产车间 单位：元

20××年		摘要				
月	日					

（续表）

20××年		摘要								
月	日									

表综-12　　　　　　　　　　　制造费用分配表

生产车间：　　　　　　　　　　20××年5月

应借科目		分配标准 （生产工时）	分配率 （元/小时）	分配金额 （元）
总账科目	明细科目			
基本生产成本	甲产品			
	乙产品			
	合　计			

表综-13　　　　　　　　　　产品成本明细账

产品品种：甲　　　　　　　　　　　　　　　　　单位：元

20××年		摘要				
月	日					
4	30	在产品成本	定额		（工时：小时）	
			实际			
5	31	本月成本	定额		（工时：小时）	
			实际			
5	31	生产成本累计	定额		（工时：小时）	
			实际			
5	31	分配率				
5	31	完工产品成 （180件）	定额		（工时：小时）	
			实际			
			单位成本			
5	31	在产品成本	定额		（工时：小时）	
			实际			

表综 - 14　　　　　　　　　　产品成本明细账

产品品种:乙　　　　　　　　　　　　　　　　　　　　　　单位:元

20××年		摘要						
月	日							

参考答案:

企业采用的成本计算方法:因为企业属于单步骤大量生产,故采用品种法计算产品成本。

表综 - 15　　　　　　　　　　材料耗费分配表

20××年 5 月　　　　　　　　　　　　　单位:元

应借科目		成本或费用项目	金额
基本生产成本	甲产品	直接材料	800 000
	乙产品	直接材料	400 000
	小计		1 200 000
辅助生产成本	供电车间	直接材料	15 000
	机修车间	直接材料	10 000
	小计		25 000
制造费用	基本生产车间	机物料消耗	45 000
		劳动保护费	38 000
	小计		83 000
制造费用	供电车间	机物料消耗	10 000
制造费用	机修车间	机物料消耗	7 000
管理费用		机物料消耗	40 000
合计			1 365 000

借：基本生产成本——甲产品（直接材料）　　　　　　　　　　800 000

　　　　　　　　　——乙产品（直接材料）　　　　　　　　　400 000

　　辅助生产成本——供电车间（直接材料）　　　　　　　　　15 000

　　　　　　　　　——机修车间（直接材料）　　　　　　　　10 000

　　制造费用——基本生产车间（机物料消耗）　　　　　　　　45 000

　　　　　　　　　　　　　（劳动保护费）　　　　　　　　　38 000

　　　　　　——供电车间（机物料消耗）　　　　　　　　　　10 000

　　　　　　——机修车间（机物料消耗）　　　　　　　　　　7 000

　　管理费用（机物料消耗）　　　　　　　　　　　　　　　　40 000

　　贷：原材料　　　　　　　　　　　　　　　　　　　　　1 365 000

表综 - 16　　　　　　　　　　应付职工薪酬耗费分配表

20××年5月　　　　　　　　　　　金额单位:元

应借科目	分配计入				直接计入	工资耗费合计	职工福利费（14%）	应付职工薪酬合计
	产品	生产工时（小时）	分配率	分配金额				
基本生产成本	甲产品	6 000		348 000		348 000	48 720	396 720
	乙产品	4 000		232 000		232 000	32 480	264 480
	小计		58	580 000		580 000	81 200	661 200
制造费用——基本生产车间					15 000	15 000	2 100	17 100
辅助生产成本——供电车间					6 000	6 000	840	6 840
制造费用——供电车间					5 500	5 500	770	6 270
辅助生产成本——机修车间					21 000	21 000	2 940	23 940
制造费用——机修车间					7 000	7 000	980	7 980
管理费用					50 000	50 000	7 000	57 000
合　计					684 500	684 500	95 830	780 330

借：基本生产成本——甲产品（直接人工）　　　　　　　　　　　396 720

　　　　　　　——乙产品（直接人工）　　　　　　　　　　　264 480

　　辅助生产成本——供电车间（直接人工）　　　　　　　　　　　6 840

　　　　　　　——机修车间（直接人工）　　　　　　　　　　　23 940

　　制造费用——基本生产车间（职工薪酬）　　　　　　　　　　17 100

　　　　　　——供电车间（职工薪酬）　　　　　　　　　　　　6 270

　　　　　　——机修车间（职工薪酬）　　　　　　　　　　　　7 980

　　管理费用（职工薪酬）　　　　　　　　　　　　　　　　　　57 000

　　贷：应付职工薪酬——工资　　　　　　　　　　　　　　　　684 500

　　　　　　　——福利费　　　　　　　　　　　　　　　　　　95 830

表综-17　　　　　　　　　　银行存款付款凭证汇总表

20××年5月　　　　　　　　　　单位：元

应借科目			金额
总账科目	明细科目	成本或费用项目	
制造费用	基本生产车间	办公费	30 000
		水电费	1 000
		运输费	42 000
		厂外加工费	80 000
		其他支出	12 000
		小计	165 000
制造费用	供电车间	劳动保护费	4 000
		办公费	3 000
		其他支出	3 000
		小计	10 000
制造费用	机修车间	办公费	3 500
		其他支出	1 000
		小计	4 500
管理费用		办公费	40 000

（续表）

应借科目			金额
总账科目	明细科目	成本或费用项目	
		水电费	6 000
		差旅费	35 000
		其他支出	55 000
		小计	136 000
	合计		315 500

借：制造费用——基本生产车间（办公费）　　　　　30 000
　　　　　　　　　　　　　　（水电费）　　　　　 1 000
　　　　　　　　　　　　　　（运输费）　　　　　42 000
　　　　　　　　　　　　　　（厂外加工费）　　　80 000
　　　　　　　　　　　　　　（其他支出）　　　　12 000
　　　制造费用——供电车间（劳动保护费）　　　　 4 000
　　　　　　　　　　　　　　（办公费）　　　　　 3 000
　　　　　　　　　　　　　　（其他支出）　　　　 3 000
　　　制造费用——机修车间（办公费）　　　　　　 3 500
　　　　　　　　　　　　　　（其他支出）　　　　 1 000
　　　管理费用（办公费）　　　　　　　　　　　　40 000
　　　　　　　（水电费）　　　　　　　　　　　　 6 000
　　　　　　　（差旅费）　　　　　　　　　　　　 3 500
　　　　　　　（其他支出）　　　　　　　　　　　55 000
　　贷：银行存款　　　　　　　　　　　　　　　 315 500

表综-18　　　　　　　　固定资产折旧费分配表

20××年5月　　　　　　　　　　　　　单位：元

应借科目	车间	成本（费用）项目	固定资产折旧额
制造费用	基本生产车间	折旧费	65 000
制造费用	供电车间	折旧费	6 000
制造费用	机修车间	折旧费	8 000
管理费用		折旧费	25 000
合计			104 000

借：制造费用——基本生产车间(折旧费)　　　　　　　　　　65 000

　制造费用——供电车间(折旧费)　　　　　　　　　　6 000

　制造费用——机修车间(折旧费)　　　　　　　　　　8 000

　管理费用(折旧费)　　　　　　　　　　25 000

贷：累计折旧　　　　　　　　　　104 000

表综-19　　　　　　　　　**辅助生产成本明细账**

辅助生产车间:供电车间　　　　　　　　　　　　　　　　　　单位:元

20××年		摘要	直接材料	直接人工	燃料及动力	制造费用	合计	转出	余额
月	日								
5	31	材料耗费分配表	15 000						15 000
		职工工资分配表		6 840					21 840
5	31	按计划成本转入							21 840
5	31	按计划成本转出						42 000	-20 160
		期末转入制造费用				32 270			12 110
5	31	调整转出						12 110	0

表综-20　　　　　　　　　**辅助生产成本明细账**

辅助生产车间:机修车间　　　　　　　　　　　　　　　　　　单位:元

20××年		摘要	直接材料	直接人工	燃料及动力	制造费用	合计	转出	余额
月	日								
5	31	材料耗费分配表	10 000						10 000
		职工工资分配表		23 940					33 940
5	31	按计划成本转入			3 216				37 156
5	31	按计划成本转出						73 600	-36 444

（续表）

20××年		摘要	直接材料	直接人工	燃料及动力	制造费用	合计	转出	余额
月	日								
		期末转入制造费用				27 744			−8 700
5	31	调整转出						8 700	0

表综 - 21　　　　　　　　　　　　制造费用明细账

车间名称：供电车间　　　　　　　　　　　　　　　　　　　　单位：元

20××年		摘要	机物料消耗	职工薪酬	劳动保护费	折旧费	办公费	水电费	其他支出	转出	余额
月	日										
5	31	材料耗费分配表	10 000								10 000
		职工工资分配表		6 270							16 270
		本月各项办公费等支出			4 000		3 000		3 000		26 270
		折旧计提				6 000					32 270
5	31	本月合计	10 000	6 270	4 000	6 000	3 000		3 000	32 270	0

表综 - 22　　　　　　　　　　　　制造费用明细账

车间名称:机修车间　　　　　　　　　　　　　　　　　　　　　　单位:元

20××年		摘要	机物料消耗	职工薪酬	动力费	折旧费	办公费	水电费	其他支出		转出	余额
月	日											
5	31	材料耗费分配表	7 000									7 000
		职工工资分配表		7 980								14 980
		本月各项办公费等支出					3 500		1 000			19 480
		折旧计提				8 000						27 480
		辅助车间分配水电费						264				27 744
5	31	本月合计									27 744	0

表综 - 23　　　　　　　　　　辅助生产成本分配表

（计划成本分配法）

20××年5月

项目			供电车间	机修车间	合计
待分配成本(元)			21 840	33 940	55 780
供应数量			17 500 (千瓦·小时)	920 (小时)	
计划单位成本(元)			2.4	80	
辅助车间	供电车间	耗用数量			
		负担金额(元)			
	机修车间	动力耗用数量	1 340		
		负担金额(元)	3 216		3 216
		照明耗用数量	110		
		负担金额(元)	264		264

（续表）

项目			供电车间	机修车间	合计
基本生产车间	动力耗用	耗用数量	14 850		
		负担金额	35 640		35 640
	一般耗用	耗用数量	450		
		负担金额	1 080		1 080
行政管理部门		耗用数量	750	920	
		负担金额	1 800	73 600	75 400
按计划成本分配合计			42 000	73 600	115 600
辅助生产实际成本			54 110	64 900	119 010
辅助生产成本差异			12 110	—8 700	3 410

表综-24 动力耗费分配表

生产车间：　　　　　　　　　20××年5月　　　　　　　　金额单位:元

应借科目		分配标准（生产工时）	分配率（元/小时）	分配金额
总账科目	明细科目			
基本生产成本	甲产品	6 000		21 384
	乙产品	4 000		14 256
	合　计		3.564	35 640

借：基本生产成本——甲产品（燃料及动力）　　　21 384

　　　　　　　　　——乙产品（燃料及动力）　　　14 256

　　辅助生产成本——机修（燃料及动力）　　　　3 216

　　制造费用——基本生产车间（水电费）　　　　1 080

　　　　　　——机修车间（水电费）　　　　　　264

　　管理费用（水电费）　　　　　　　　　　　1 800

　　　　　（修理费）　　　　　　　　　　　73 600

　贷：辅助生产成本——供电（转出）　　　　　42 000

　　　　　　　　　——供水（转出）　　　　　73 600

借：辅助生产成本——供电（制造费用）　　　　32 270

　　　　　　　　——机修（制造费用）　　　　27 744

　贷：　制造费用——供电　　　　　　　　　　32 270

　　　　　　　　——机修　　　　　　　　　　27 744

借：管理费用(其他)   3 410

  贷：辅助生产成本——供电(转出)   12 110

         ——供水(转出)   8 700

表综-25   **制造费用明细账**

车间名称：基本生产车间   单位：元

20××年 月	日	摘要	机物料消耗	劳动保护费	职工薪酬	折旧费	办公费	运输费	厂外加工费	水电费	其他支出	转出	余额
5	31	材料耗费分配表	45 000	38 000									83 000
		职工工资分配表			17 100								100 100
		本月各项办公费等支出					30 000	42 000	80 000	1 000	12 000		265 100
		折旧计提				65 000							330 100
		辅助车间分配水电费								1 080			331 180
5	31	本月结转										331 180	0

表综-26   **制造费用分配表**

生产车间：   20××年5月

应借科目 总账科目	明细科目	分配标准（生产工时）	分配率（元/小时）	分配金额（元）
基本生产成本	甲产品	6 000		198 708
	乙产品	4 000		132 472
	合计		33.118	331 180

借：基本生产成本——甲产品(制造费用)   198 708

         ——乙产品(制造费用)   132 472

  贷：制造费用——基本生产车间   331 180

表综－27　　　　　　　　　　　　产品成本明细账

产品品种：甲　　　　　　　　　　　　　　　　　　　　　　金额单位：元

20××年		摘要		直接材料	燃料及动力	直接人工	制造费用	合计
月	日							
4	30	在产品成本	定额	52 000	(工时：3 050 小时)			
			实际	50 000	8 160	18 000	12 500	88 660
5	31	本月成本	定额	720 000	(工时：5 600 小时)			
			实际	800 000	21 384	396 720	198 708	1 416 812
5	31	生产成本累计	定额	772 000	(工时：8 650 小时)			
			实际	850 000	29 544	414 720	211 208	1 505 472
5	31	分配率		1.101 0	3.415 5	47.944 5	24.417 1	
5	31	完工产品成本(180 件)	定额	720 000	(工时：7 380 小时)			
			实际	792 720	25 206.39	353 830.41	180 198.20	1 351 955
			单位成本	4 404	140.04	1 965.72	1 001.10	7 510.86
5	31	在产品成本	定额	52 000	(工时：1 270 小时)			
			实际	57 280	4 337.61	60 889.59	31 009.80	154 517

表综－28　　　　　　　　　　　　产品成本明细账

产品品种：乙　　　　　　　　　　　　　　　　　　　　　　金额单位：元

20××年		摘要	直接材料	燃料及动力	直接人工	制造费用	合计
月	日						
4	30	在产品成本	76 000	22 000	45 000	33 000	176 000
5	31	本月成本	400 000	14 256	264 480	132 472	811 208
5	31	完工产品成本(100 件)	400 000	14 256	264 480	132 472	811 208
		完工产品单位成本	4 000	142.56	2 644.80	1 324.72	8 112.08
5	31	在产品成本	76 000	22 000	45 000	33 000	176 000

　　借：库存商品——甲产品　　　　　　　　　　　　　　1 351 955

　　　　　　——乙产品　　　　　　　　　　　　　　　　811 208

　　贷：基本生产成本——甲产品　　　　　　　　　　　　1 351 955

　　　　　　——乙产品　　　　　　　　　　　　　　　　811 208